Histoire de la Shoah

GEORGES BENSOUSSAN
Docteur en histoire

Deuxième éditiion corrigée
8e mille

DU MÊME AUTEUR

Génocide pour mémoire, Éditions du Félin, 1989.
L'Idéologie du rejet, Éditions Manya, 1993.

ISBN 2 13 047542 6

Dépôt légal — 1re édition : 1996
2e édition corrigée : 1997, septembre

108, boulevard Saint-Germain, 75006 Paris

INTRODUCTION

> «Mon vocabulaire est trop pauvre pour décrire l'énormité de pareil anéantissement d'un peuple.»
>
> Sh. Frank,
> *Journal du ghetto de Lodz*, 1942[1].

> «Il n'y a pas d'histoire plus difficile à raconter dans toute l'histoire de l'humanité.»
>
> H. Arendt, *L'image de l'enfer*, 1946[2].

Entre 1939 et 1945, l'Allemagne nazie, secondée par de nombreuses complicités, a assassiné entre 5 et 6 millions de Juifs européens dans le silence quasi complet du monde. Le temps lui a manqué pour détruire le peuple juif tout entier comme elle l'avait décidé. Telle est la réalité brute du génocide juif, en hébreu, shoah. La décision de « faire disparaître »[3] le peuple juif de la terre, la détermination à décider de qui doit et ne doit pas habiter la planète, poussée en ses conséquences ultimes, signait la spécificité d'une entreprise, unique à ce jour, de modifier la configuration même de l'humanité. Les contemporains ont perçu l'inouï de la situation[4] mais un lent travail de recouvrement de la réalité historique a longtemps empêché de mettre en lumière l'unicité de la destruction raisonnée d'un peuple. De

1. In *Le Monde juif*, n° 154, mai 1995.
2. In *Auschwitz et Jérusalem*, Presses-Pocket, 1993, p. 152.
3. H. Himmler, 6 octobre 1943 à Posen, discours aux officiers SS.
4. «Il est hors de doute qu'il s'agit du crime le plus grave et le plus monstrueux jamais perpétré dans l'histoire de l'humanité», écrit W. Churchill à Anthony Eden le 11 juillet 1944.

massacres en holocauste et en génocide, cette réalité a finalement trouvé son assise dans le mot shoah[1] (tempête, destruction, désolation), issu de la langue liturgique des communautés anéanties.

Reconstituer la destruction d'une civilisation est d'autant plus difficile que les planificateurs du crime se sont évertués à en effacer les traces. Or, seule une connaissance rigoureuse permet de poser les questions idoines en évitant l'anachronisme et les jugements à l'emporte-pièce. Les annexions hitlériennes de 1938 d'abord, les victoires faciles de l'Allemagne en 1939-1940 et surtout la guerre contre l'URSS en juin 1941 ensuite, ont jeté sous la domination allemande l'essentiel du peuple juif européen. La guerre apparaît comme le fil conducteur de cette tragédie. La pression idéologique de l'antisémitisme nazi, sa centralité dans la vision du monde d'Adolf Hitler, et l'évolution du conflit militaire, rendent compte du basculement de septembre 1941. Aux massacres déjà perpétrés contre les Juifs de Pologne à partir de l'automne 1939, aux tueries de plus en plus systématiques opérées contre les Juifs d'URSS dès le mois de juin 1941, succèdent à l'automne de cette même année la décision d'assassiner tous les Juifs soviétiques puis, quelques semaines plus tard, celle d'exterminer tout le judaïsme européen. Le meurtre de masse du peuple juif est alors soigneusement programmé et passe par la définition du groupe des victimes, leur spoliation, leur concentration, leur déportation et leur assassinat. Une chronologie fine des événements reconstitue le cheminement du processus. Ce que les Allemands désignent sous l'expression de « Solution finale » se déroule rapidement (la moitié des victimes sont assassinées durant la seule année 1942) et, pour l'essentiel, hors du monde

1. Et ce terme hébraïque, dans la littérature juive de la catastrophe, a supplanté lui-même celui de *Hourban* (et on parlait alors de *« 3e Hourban »* par référence à la destruction des deux Temples).

concentrationnaire. La soudaineté de l'exécution, le relatif secret qui l'entoure, le caractère impensable enfin des faits paralysent la pensée et la réaction.

L'étude historienne met en lumière un contexte sans lequel il n'est aucune intelligence possible de cette catastrophe. Elle met en avant également la préparation administrative et technique du meurtre de masse. Le crime ne fut pas perpétré par une équipe de tueurs (un million de personnes auraient été concernées à un titre ou à un autre), mais par une société tout entière. Par ses racines, par ses exécutants, par la géographie même du massacre, la destruction des Juifs d'Europe ne relève pas de la seule histoire allemande mais s'inscrit dans l'héritage de l'Europe entière.

Et si l'antisémitisme séculaire du vieux continent est bien ce semis du mépris et de la haine sans lequel rien n'eût été possible, d'autres facteurs ont concouru à cette catastrophe qui ressortissent aux aspects les plus modernes d'un État hautement civilisé.

Chapitre I

LES JUIFS D'EUROPE : ENTRE REJET ET INTÉGRATION

I. — Jalons de l'exclusion

L'histoire du génocide juif est inséparable du cheminement de l'antijudaïsme. Le christianisme triomphant a donné au rejet des Juifs l'aspect d'un affrontement quasi identitaire. Jusqu'au XIe siècle, la situation des Juifs dans l'Europe chrétienne reste marquée par une coexistence encore possible. Les premières violences graves éclatent avec le prêche et le départ de la première croisade en 1095-1096, et c'est au XIIe siècle que le discours antijuif, qui ne voit plus dans le judaïsme cette religion simplement anachronique et ridicule, verse dans l'accusation diabolique. L'ère de la tolérance relative est finie. L'accusation de profanation d'hosties conduit en Allemagne aux massacres de 1298 (100 000 victimes). Le peuple juif, dont l'existence seule est un défi à la « vraie foi », est désormais collectivement coupable. Son rejet canalise l'angoisse religieuse de la chrétienté comme, dans des temps plus contemporains, elle canalisera les angoisses nées de la modernité.

L'exclusion théologique, puis pratique, se met en place dans le contexte des Croisades. Le IVe Concile du Latran, en 1215, impose le signe distinctif aux Juifs (la rouelle, pièce de tissu jaune). De nombreuses professions leur sont progressivement interdites, et entre 1350 (après la Peste noire) et 1500 leur sort s'aggrave : persécutés et confinés (création des premiers ghettos[1] en 1266 à Breslau et en 1279 à Buda), rançonnés, humiliés, sujets à des accusations récurrentes (meurtre rituel, profanation d'hosties, empoisonnement des puits, etc.), et à mille violences répétées, beaucoup quittent l'Europe occidentale pour l'Est (Pologne, Lituanie) à partir du XIIIe siècle.

Le christianisme du deuxième millénaire a fourni un modèle de rejet à l'époque moderne.

L'industrialisation et l'urbanisation rapide de l'Europe occidentale au XIXe siècle déstructurent les sociétés traditionnelles. C'est dans ce contexte qu'en Allemagne ou en France, le nationalisme fermé de la fin du siècle voit dans « le Juif » un déraciné fossoyeur de toute stabilité sociale. L'antisémitisme[2] laïque conjugue partout la condamnation du libéralisme, du capitalisme et du socialisme. Le sentiment de décadence, la croyance au complot, l'appel au sauveur et à la race qui régénéreront la nation rendent compte de l'énorme succès de *La France juive* de Drumont en 1886 comme de l'audience rencontrée par l'Allemand Treitschke en 1879, dont la formule-glas sera reprise par les nazis : « Les Juifs sont notre malheur ! » En cette fin du XIXe siècle, l'imprégnation raciste est une forme de la crise européenne de la modernité. Le judaïsme européen est alors pris dans une contradiction essentielle dont il n'a pas conscience. L'émancipation l'intègre à la culture nationale tandis que la nation qui se cherche, se forge d'autant mieux qu'elle l'exclut. L'antisémitisme devient un ciment national au moment précis où les Juifs cassent les murs intellectuels du ghetto.

Autour des années 1900, tout un courant de pensée

1. Le terme est postérieur à la réalité : Venise, 1516.
2. Le mot a été forgé en 1879 en Allemagne où a lieu trois ans plus tard le Ier Congrès antisémite.

occidental récuse l'héritage des Lumières. La nature, inégalitaire et violente, ne connaît que des rapports de force. Justice et « droits de l'homme » sont des « illusions humanitaires »[1]. Racisme et darwinisme social fustigent la démocratie, ce « régime des faibles » dont le Juif, cette antithèse de l'instinct et de la force, est le héraut. Cet antisémitisme laïque se superpose au vieil antijudaïsme chrétien. Ces deux formes du rejet coexistent dans une Europe occidentale où progressent la sécularisation et la laïcisation. Mais tandis que le rejet religieux surveillait, proscrivait, et cherchait à convertir les Juifs, le rejet « scientifique », lui, les exclut radicalement.

Cette « idéologie » fin-de-siècle s'inspire des travaux de Charles Darwin en appliquant la notion d'organisme vivant aux sciences humaines. Pour ce darwinisme racial, la survie du plus apte implique l'apologie de la violence. La sélection naturelle devient un article de dogme légitimé par la « science », elle cautionne le capitalisme sauvage, le colonialisme et l'impérialisme du temps. Ce discours enseigne parallèlement que la tradition et la race seules font une nation. Le Juif en est exclu parce qu'il est le symbole même de la raison et de l'errance. Pour cette vision biologique du monde, la sélection est le concept clé de l'histoire, la race et le sang sont les seules vérités de ce monde, l'égalité des hommes est une chimère. Le Juif n'a pas sa place dans ce néo-paganisme, et rien, ni conversion, ni « mélange » ne saurait réduire l'opposition fondamentale des deux « races » sémitique et aryenne. La hantise de la dégénérescence, l'obsession millénariste de la fin des temps, font de cet antisémitisme païen le socle du discours raciste.

1. G. Vacher de Lapouge en 1890 : « Il n'y a donc pas de droits de l'homme, pas plus que de droits du tatou à trois bandes, ou du gibbon syndactyle que du cheval qui s'attelle ou du bœuf qui se mange. (...) L'idée même de droits est une fiction. Il n'y a que des forces. »

Cette culture, loin de se cantonner au seul horizon germanique, embrasse l'Europe occidentale, s'étend à l'Europe scandinave, atteint l'Amérique du Nord. La logique eugéniste en est une de ses formes : les crimes des médecins nazis ont fait perdre de vue la forte prégnance de l'idéologie eugéniste, initiée par Galton, Pearson et d'autres à la fin du XIXe siècle. Qu'on distingue eugénisme positif (améliorer l'espèce humaine) et eugénisme négatif (restreindre le droit à la procréation et à la vie pour une partie d'entre elle) n'est satisfaisant qu'en apparence. En réalité, une même logique de sélection guide ces deux mouvances pour aboutir au XXe siècle à remettre en question, pour une partie de l'humanité, le statut même d'être humain.

Ainsi, en cette fin du XIXe siècle, aux deux extrémités de l'Europe, et sous des formes différentes, le rejet des Juifs hors des nations établies s'exacerbe en même temps que se précise une poussée d'irrationalisme qui sape les fondements mêmes du siècle des Lumières. Il est symbolique à cet égard que coïncident en temps et en lieu la violence de l'Affaire Dreyfus qui marque le semi-échec de l'assimilation des Juifs de France, et la rédaction à Paris, par des agents de la police tsariste, du faux politique le plus célèbre de l'antisémitisme, *Les protocoles des Sages de Sion*.

II. — **Les Juifs d'Europe dans l'entre-deux-guerres**

Il n'y a pas *une* condition juive dans l'Europe de l'entre-deux-guerres. Les facteurs de dissemblance l'emportent sur une unité problématique. Car la modernité urbaine, démocratique et laïque porte des coups sévères à la tradition, à l'Est en particulier où le monde du *shtetl*[1] s'effrite lentement.

Au sortir de la Première Guerre mondiale, l'Europe

1. Bourgade à forte population juive dans le monde russo-polonais.

compte 9 à 10 millions de Juifs. Ses plus gros foyers se concentrent en Pologne (3 millions), en Roumanie (1 million) et en URSS (3 millions environ). Le processus d'émancipation qui a commencé avec la France révolutionnaire en 1791 n'est toujours pas achevé en 1919 même si les avancées sont réelles : Grande-Bretagne 1858, Autriche 1866, Hongrie 1867, Allemagne 1871, Russie 1917, pour ne citer que les situations les plus significatives.

L'hétérogénéité des conditions juives en Europe tient à plusieurs facteurs : l'ancienneté de l'émancipation, la pénétration de la modernité politique, l'importance du processus de laïcisation, la prégnance de la tradition religieuse et/ou linguistique (*yiddish* en Europe centrale et orientale, *ladino* dans les Balkans), la force enfin du rejet antisémite. Dès le milieu du XIXe siècle, le monde juif européen, à l'instar du continent tout entier, a connu une forte croissance démographique[1] laquelle a nourri tant les migrations internes que l'émigration au-delà des mers, vers les États-Unis en particulier. Ces migrations ont aussi nourri les communautés juives d'Europe occidentale, d'Allemagne, du Royaume-Uni et de France en particulier qui reste, pour les Juifs du *shtetl* un idéal politique (les « droits de l'homme ») et un hâvre de sûreté. Fuyant la misère, la persécution et un avenir limité sinon précaire, ces migrants sont plus nombreux encore durant l'entre-deux-guerres. Mais leur insertion reste fragile durant les années 20, voire remise en cause dans la décennie suivante alors qu'on assiste à une montée quasi générale de la xénophobie et de l'antisémitisme.

A la faveur de la crise générale, l'intégration des Juifs à la société d'Europe occidentale est parfois remise en cause. Or, le monde juif occidental, gagné

1. Ainsi de la Galicie juive où l'effectif de la communauté juive passe de 300 000 personnes environ en 1800 à 950 000 en 1900.

profondément à la modernité politique et culturelle, a perdu chaque jour davantage la cohésion communautaire que lui assurait la tradition. « Juif chez soi, citoyen au dehors » : le clivage inauguré par la France napoléonienne a progressivement triomphé.

Dans l'entre-deux-guerres le réservoir spirituel et démographique du judaïsme se situe entre Pologne, Hongrie, Roumanie et Russie. Ce monde, ébranlé par les pogroms russes de 1881-1882 (qui ont accéléré les départs vers l'ouest) et une succession de violences ouvertes, a été lentement gagné par la modernité des Lumières *(Haskala)*[1]. D'autres horizons que l'école talmudique et le *shtetl* s'ouvrent devant la jeunesse juive : le sionisme (Ier Congrès, 1897), l'autonomie culturelle (création du mouvement socialiste *Bund* en 1897), le socialisme révolutionnaire enfin, alors qu'explose dans le même temps une effervescence culturelle en *yiddish*, en hébreu et dans chaque langue nationale locale.

En Pologne, dans un milieu marqué par la précarité sinon la violence ouverte (pogroms de 1919-1921), et la misère sociale, une extraordinaire vitalité culturelle et politique s'épanouit entre 1925 et 1935. 250 journaux juifs paraissent régulièrement tandis que chaque année des centaines d'ouvrages sont publiés en hébreu et en *yiddish* qui reste, dans 80 % des cas, la langue maternelle des Juifs polonais.

Mais cette minorité culturelle et religieuse, socialement déséquilibrée (écrasante majorité d'artisans et de petits commerçants) est en butte à une hostilité qui s'exacerbe malgré l'égalité des droits reconnue en 1921. Près de 150 pogroms sont perpétrés en 1935 et 1936. En 1938, le parti au pouvoir considère que les Juifs « freinent le développement normal » de l'État polonais. Ailleurs, en Europe centrale et orientale, le

1. Les « Lumières de l'intérieur » qui naissent vers 1740 dans la communauté juive de Berlin.

succès du nazisme influence les mouvements antisémites qui militent pour que les Juifs soient déchus de leurs droits civiques : ainsi en Bulgarie, en Roumanie, en Hongrie également où des lois raciales sont promulguées.

La Russie soviétique constitue dans l'entre-deux-guerres le deuxième grand foyer du judaïsme européen. L'empire russe avait maintenu, jusqu'à son écroulement final, une série de mesures discriminatoires (« zone de résidence »[1] de la Baltique à la mer Noire, plus de 150 lois et décrets de nature antisémite) que la Révolution abroge en masse en avril 1917. Le pouvoir bolchevique confirme en 1917 et en 1918 le statut d'égalité des Juifs avec les autres peuples de la future union, mais dès avant sa victoire dans la guerre civile, il entend exercer sa tutelle sur cette émancipation. Le *Bund* est dissous en 1919 et le mouvement sioniste entre en clandestinité. L'édition de livres et de journaux en hébreu est interdite au cours des années 20, écoles talmudiques et synagogues sont fermées, même s'il est vrai que cette action s'insère dans le cadre plus général de la lutte antireligieuse.

Pour accélérer l'intégration[2] de près de trois millions de Juifs soviétiques, le parti bolchevique crée en 1918 une section juive *(Yevsektsia)* laquelle coordonne, à partir de 1925, une activité culturelle de très grande ampleur. Mais dans le contexte général de la répression qui s'abat sur le pays tout entier à partir de décembre 1934, les institutions juives, mises en place par le PC lui-même, sont ébranlées par une terreur de masse à connotation parfois antisémite. A partir de 1935, l'activité culturelle *yiddish* est brimée, des journaux sont interdits.

1. Créée par Catherine II au XVIIIe siècle et fixée en 1804.
2. La tentative soviétique pour créer en 1928, au Birobidjan, en Asie orientale, une « république autonome juive », s'achève rapidement sur un échec.

A la fin des années 30, le *shtetl* a disparu et l'intégration reste fragile comme en témoigne la permanence d'un antisémitisme populaire de plus en plus relayé par le sommet de l'État.

III. — Juifs et Allemands : symbiose mythique *et* vrai rejet

En Allemagne, la tradition antijudaïque était ancienne et violente (cf. 1res Croisades, XIe siècle). Qu'on pense au millénarisme médiéval annonçant un monde « purgé de Juifs », *judenrein*, et à ces visions apocalyptiques qui faisaient du massacre des Juifs la condition première du bonheur de l'humanité. Qu'on pense aussi à la violence des propos de Luther pour lequel le Juif est une souillure dont il faut se purifier.

Toutefois, à partir du XVIIIe siècle, le judaïsme allemand connaît une ouverture économique, sociale tout autant qu'intellectuelle : un certain judaïsme éclairé (dit aussi « réformé »), dans le sillage de l'*Aufklärung*, tente à la suite de Mendensohn de marier culture allemande et judaïsme. Dans une nation en formation qui ne décide l'émancipation qu'en 1871 (le décret prussien de 1812 reste isolé)[1], de nombreux Juifs allemands, attirés par la modernité politique et culturelle de la Révolution française, tentent une symbiose entre les deux traditions[2]. L'intégration favorisée par la *Haskala* rend compte également de l'ampleur de la vie intellectuelle juive en Autriche. Mais le rejet est concomitant de cette floraison : en 1896, Vienne élit Karl Lueger, un maire dont la profession de foi politique est d'abord l'antisémitisme.

1. Des décrets du même ordre sont promulgués, mais beaucoup plus tardivement, à Hambourg (1860), en Bade (1862), à Francfort et dans le Wurtemberg (1864), en Saxe (1868) et dans tous les États membres de la Confédération allemande des États du Nord (1869).

2. De fait, lors du Ier Congrès sioniste de Bâle en 1897, il y eut deux langues officielles, l'allemand et l'hébreu.

Au même moment, les 470 000 Juifs du IIe Reich doivent affronter l'émergence d'un puissant mouvement antisémite. L'impérialisme allemand et le pangermanisme sont fondés sur une conception de la nation fort différente de celle qui prévaut dans la France républicaine. La nation n'y est pas un pacte conclu entre citoyens libres qui se savent une communauté de destin, c'est une émanation de la race, du sang et du sol, une « lutte pour la vie » qui écrase les ethnies les plus faibles. Ce racisme, qui exalte la force et la sélection, fait du « particularisme juif » le centre de ses préoccupations. Ces thèses n'inspirent pas la seule Ligue pangermaniste (1891), elles imprègnent en large part la société allemande tout entière où, au moins depuis Iéna (1806), l'antisémitisme joue le rôle d'un ciment national. Le Juif est la figure repoussoir qui aide à forger une identité collective[1] et à contester l'ordre social sans en appeler à la lutte des classes. « La question sociale, c'est la question juive »[2], affirme Otto Glagau[3].

L'antisémitisme est ainsi partie prenante dans la crise du nationalisme allemand, comme dans le rejet du monde urbain et industriel dont témoigne la floraison, vers 1900, des mouvements de jeunesse *Wandervogel* (oiseaux migrateurs). L'exclusion des Juifs catalyse en Allemagne les désarrois nationalistes et les angoisses de la modernité.

1. Au-delà de la proclamation du IIe Reich, le Juif a aidé à souder les éléments disparates de la nation allemande.

2. Ce qui n'est pas spécifiquement allemand. Cf. en France l'antisémitisme anticapitaliste de Toussenel (*Les Juifs, rois de l'époque,* 1844), de Proudhon, de Drumont, etc.

3. A quoi Bebel, l'un des fondateurs du socialisme allemand, rétorque que « l'antisémitisme est le socialisme des imbéciles ».

Chapitre II

ALLEMAGNE 1933-1939 : L'EXCLUSION LÉGALE

I. — L'Allemagne nazifiée : une nation vassalisée

L'horreur des combats du premier conflit mondial brise avec l'idée rassurante d'une humanité guidée par la science et marchant vers le bonheur. La poussée irrationaliste de la fin du XIXe siècle trouve là matière à contester plus encore les valeurs héritées des Lumières. En Allemagne, de surcroît, la défaite de 1918 n'est pas vécue comme telle. L'armée allemande, sans connaître une véritable débâcle, signe l'armistice du 11 novembre 1918 en terre *ennemie*. A cela s'ajoute le déclassement de pans entiers de la petite bourgeoisie ruinée par une guerre où nombre de ses fils, officiers subalternes et sous-officiers, ont péri. Dans un pays sans tradition démocratique et au nationalisme meurtri, ces classes moyennes qui ont du mal à s'intégrer à la République parlementaire, trouvent des structures d'accueil dans le nationalisme d'extrême-droite, les sociétés secrètes et la violence des Corps-Francs. C'est sur les fantasmes de trahison, de victoire volée et d'encerclement mortel que prospèrent, entre 1919 et 1924, une multitude de groupuscules d'extrême-droite, souvent assassins et quasiment impunis. Dans ce contexte violent, le régime républicain de Weimar ne bénéficie pas d'un réel consensus. Sitôt la crise revenue, en 1930-1932, la fragilité de l'ancrage démocratique resurgit au grand jour face à la paupérisation de millions d'Allemands. Le nationalisme et l'antisémitisme rejaillissent avec force. C'est sur ce terreau où se mêlent conservatisme, nationalisme frustré et ressentiment social que le parti national-socialiste martèle une propagande vieille sur le fond et moderne par la forme.

Le Parti ouvrier allemand, créé en 1919, restructuré par Adolf Hitler en 1921 en Parti national-socialiste des travailleurs allemands (NSDAP), reste mal connu jusqu'en 1930. La crise est son aubaine. Servi par d'exceptionnelles qualités d'orateur, ressassant populisme, nationalisme exacerbé et antisémitisme, exploitant le vieux fond idéologique de la révolution conservatrice allemande des années précédant le premier conflit mondial, Hitler innove par la méthode et à certains égards aussi sur le fond tant son nihilisme, fondamentalement anti-occidental, dépasse les thèmes connus du fascisme italien, de l'idéologie nationaliste allemande et du courant *völkisch*. Il profite du faible consensus démocratique régnant en Allemagne, comme il profite des haines intestines de la gauche allemande, et en particulier de l'attitude du parti communiste. Comme il prospère enfin sur le désarroi né de la vague de misère qu'a ouvert la crise économique venue des États-Unis.

Le national-socialisme (en abrégé, nazisme) est d'abord un racisme dont l'antisémitisme est le principe essentiel. Mais c'est parallèlement une idéologie antidémocratique et antimarxiste, nationaliste et pangermaniste qui s'épanouit dans une société marquée par un fort décalage entre la modernité économique et l'archaïsme politique. C'est pourquoi le nazisme est en même temps un mélange de modernité et de refus de la modernité. Modernité du darwinisme social et de l'anthroposociologie et refus de la modernité de l'idéologie *volkisch* (la tradition, la terre, le soleil, la nature, contre la ville, l'argent, le Juif...). Ce « modernisme réactionnaire »[1] cristallise ses pulsions destructrices sur l'altérité juive que l'émancipation née des Lumières a laissé persister. Mais l'antisémitisme nazi a aussi pour fonction de réconcilier un courant de pensée conservateur avec l'industrie et la technologie modernes. Il permet de dire « oui » à la ville, à l'industrie et au capitalisme mais à une ville, à une industrie et à un capitalisme épurés de Juifs, *judenrein*. Autrement dit, le rejet d'une modernité « enjuivée » permet l'acceptation de la technologie « aryenne » *et* la réconciliation avec la forme technique du monde moderne.

Si l'antisémitisme dépasse évidemment la seule personne d'Adolf Hitler, la judéophobie du leader nazi mérite pourtant qu'on s'y attarde tant elle est au centre de sa vision du monde. Le premier programme du NSDAP (24 février 1920) retire aux Juifs la citoyenneté allemande (point 4), les place sous la législation des étrangers (point 5), leur refuse l'accès à l'emploi public (point 6), expulse ceux d'entre eux entrés en Allemagne après le 2 août 1914 (point 8), etc. Avec la parution de *Mein Kampf* en 1925, les visions millénaristes de catastrophe liées à la présence juive dans le monde se multiplient. Le ton et le contenu du discours antisémite s'y sont radicalisés. Son vocabulaire, qui emprunte à l'antisémitisme européen de la fin du XIXe siècle, est marqué par la parasitologie. Le Juif est... « un ver dans le corps pourrissant », « une pestilence pire que la peste noire », « un porteur de bacilles de la pire espèce », « le parasite dans le corps des autres peuples »[2], etc. L'antisémitisme d'Hitler forme un délire cohérent mais sans originalité, marqué par la guerre et la défaite de 1918. Sa pensée est centrée autour du complot et de la menace d'anéantissement venue des Juifs : c'est pour-

1. Jeffrey Herf, *Reactionary Modernism. Technology, Culture and Politics in Weimar and the Third Reich*, Cambridge University Press, 1984.
2. E. Jäckel, *Hitler idéologue*, Calmann-Lévy, 1973, réédition Gallimard-Tel, 1995.

quoi les mesures antijuives sont toujours présentées comme préventives. D'où plus tard, au cours même du processus d'anéantissement du peuple juif, la présence simultanée d'un délire de triomphe sur les victimes et de l'angoisse d'être anéanti par ceux là même qu'on extermine.

L'antisémitisme personnel[1] d'Hitler est le miroir grossissant d'une maladie sociale qui a touché une bonne partie de la société européenne au début du siècle. Ces délires n'auraient qu'un intérêt minime s'ils ne s'étaient emparés de la direction d'un État moderne. L'évolution de la politique antisémite oblige à prendre en considération tous ces textes. Dans *Mein Kampf*, Hitler lie la politique raciale et la politique étrangère. Dix huit ans plus tard, en 1942, la politique raciale et la politique étrangère du Reich atteignent en même temps leur apogée[2].

Aux élections législatives de septembre 1930, le NSDAP passe de 12 à 107 députés. Aux élections présidentielles d'avril 1932, Hitler recueille sur son nom 11,3 millions de voix (19 millions pour le maréchal Hindenburg, réélu). Aux élections législatives de juillet 1932 enfin, le NSDAP obtient 37,4 % des voix. Sur les conseils du politicien von Papen, Hindenburg appelle Hitler à la Chancellerie le 30 janvier 1933. Une partie du peuple allemand l'a soutenu, mais non toute l'Allemagne, ni toutes ses élites intellectuelles et économiques dont la faiblesse politique a autant pesé dans le succès d'Hitler que l'énergie déterminée montrée par les militants nazis.

La dictature absolue tombe sur l'Allemagne en moins de six mois. Les élections législatives anticipées (5 mars 1933) qui se

1. Il faut «conjurer l'énigme de l'insignifiance d'un homme rapportée au caractère cataclysmique de son action» (F. Furet, *Le passé d'une illusion,* Laffont/Calmann-Lévy, 1995, p. 222).

2. Ainsi, le 24 février 1942: «Ma prophétie s'accomplira, ce n'est pas l'humanité aryenne qui sera anéantie par cette guerre mais bien le Juif. Quoi que ce combat apporte, quelle que soit sa durée, c'est cela qui en sera le résultat final.» Dans son testament politique rédigé à la veille de sa mort, le 29 avril 1945, Hitler confirme que la destruction des Juifs aura été l'axe de son combat: «Je fais une obligation au gouvernement de la nation et au parti de l'observation scrupuleuse des lois raciales et de la résistance impitoyable au judaïsme international, empoisonneur mondial de tous les peuples.»

sont déroulées dans un climat de terreur permettent au NSDAP d'obtenir 44 % des suffrages et 288 sièges sur 640. Hitler, fort de l'appui du *Zentrum* et des nationaux-allemands, obtient les pleins pouvoirs pour une durée de quatre ans le 23 mars 1933. Dès le 28 février 1933, prenant pour prétexte l'incendie du Reichstag, l'état d'exception y devient la norme. Le parti communiste est interdit, 4 000 chefs communistes sont arrêtés qui entrent, fin mars 1933, dans le premier camp de concentration ouvert près de Munich, Dachau.

La nazification de l'Allemagne passe par la mise en coupe réglée de toutes les administrations publiques, et par le contrôle de la justice et des fonctionnaires. Elle a pour moyen une police politique omniprésente (*Gestapo*, créée en avril 1933) opérant dans un État désormais centralisé. Cette nazification du pays passe aussi par le contrôle des esprits (Hitler obtient le ralliement des Églises, protestante et catholique), par l'enrégimentement de la jeunesse, l' « épuration » de l'enseignement, la mise en coupe réglée de la culture devenue propagande.

Le système repose sur la terreur, effective et menaçante et, en premier lieu, sur le camp de concentration. Dès 1933, trois camps sont ouverts qui quadrillent sommairement le territoire, celui de Dachau, érigé en modèle, celui d'Orianenburg près de Berlin et ceux de l'Emsland près de la frontière néerlandaise. En juillet 1934 est fondée l'inspection des camps qui siège, à partir de 1938, à Orianenburg-Sachsenhausen où se tient également le WVHA (Office central d'administration économique de la SS, avec à sa tête, Oswald Pohl). En 1939, elle contrôle six camps principaux où sont enfermés, en août 1939, plus de 21 000 personnes : Dachau, Orianenburg-Sachsenhausen, Buchenwald ouvert en 1937, Flossenbürg ouvert en 1938, Mauthausen ouvert en Autriche en 1938, Ravensbrück enfin, camp de femmes, ouvert en 1939, sans compter les camps satellites et les *kommandos*[1].

Enfin, en lançant l'Allemagne dans la préparation de la guerre (en 1939, la moitié du budget de la nation est consacrée aux dépenses militaires), via une politique de grands travaux, le chômage est partiellement résorbé, au prix d'une régression sociale considérable.

Alors que le législatif a perdu tout pouvoir dès 1933-1934, le cabinet du Reich cesse de fonctionner en 1938.

1. Le système des KL (initiales allemandes du terme camps de concentration) va proliférer avec la guerre : il y a 21 camps principaux en 1943, et de 21 400 internés en août 1939, l'effectif va grimper à 115 000 en août 1942, à 524 000 en août 1944 (dont 10% de détenus allemands), à 714 000 en janvier 1945.

Le pouvoir repose quasi exclusivement sur le « charisme » du Führer. Dans la pratique, cela conduit à cette « organisation désordonnée » où coexistent des bureaucraties concurrentes. Le nazisme est d'abord un hitlérisme[1] : au-dessus de cette polyarchie, la « vision du monde » d'Adolf Hitler joue un rôle clé dans la définition de la politique générale du Reich et, à cet égard, la « question juive » et celle de l'espace vital *(lebensraum)*, tiennent une place centrale. La vision obsessionnelle d'un monde hostile et d'une quête sans fin de pureté raciale font de la politique du IIIe Reich une « biocratie » en gestation.

II. — L'exclusion : 1933-1939

Pour le national-socialisme, la théorie raciale est le moyen de transformer le monde social. L'anthropologie allemande, constituée autour des années 1860, avait fait de la race le déterminant principal du social et du culturel[2]. Un demi-siècle plus tard, le mouvement eugénique allemand, à base raciale essentiellement, dispose déjà d'un socle théorique important, et ses idées sont partagées par une partie de la société.

Le nazisme donne à l'eugénisme allemand l'arsenal législatif dont il a besoin en adoptant, le 14 juillet 1933, une politique de stérilisation forcée (qui concerne plus de 350 000 personnes) contre les « malades héréditaires » et les « criminels irrécupérables et dangereux ». La « communauté scientifique » (psychiatres et anthropologues) accepte majoritairement ces mesures.

C'est en tenant compte de ces jalons que l'on peut aborder les lois de Nuremberg et les inscrire dans le cadre d'une évolution intellectuelle qui dépasse le seul

1. Cf. K. D. Bracher, *Hitler et la dictature allemande*, Complexe, 1995 (1re éd. allemande, 1969).

2. Mais c'est ce que proclame aussi, à la même époque ou peu après, l'école française constituée autour de Vacher de Lapouge, Soury, Le Bon...

régime national-socialiste. C'est dans ce cadre également qu'il faut situer les législations d'exclusion qui s'accumulent à partir de 1936 (relatives aux « asociaux »), lesquelles aboutissent à l'« euthanasie » des « malades mentaux irrécupérables » pratiquée dans les cliniques allemandes entre 1935 et 1938 puis au programme « T4 » (cf. *infra*) et à la politique raciale d'extermination du peuple juif. Le second conflit mondial, ouvert en Europe en septembre 1939, en levant brutalement la morale courante, offre à cette biocratie un champ d'expérimentation quasi illimité.

Le régime nazi ne semble pas avoir envisagé d'emblée le meurtre de masse. Jusqu'à la guerre, sa politique vise surtout à exclure et à mettre hors la loi. La persécution législative, régulièrement ponctuée de bouffées de violences physiques et d'humiliations à l'endroit des Juifs, connaît trois étapes bien marquées. En 1933, l'égalité légale des Juifs comme citoyens est abrogée. Les Juifs sont bannis des fonctions publiques et de la vie culturelle, et de nombreuses professions (libérales en particulier) leur sont progressivement interdites. C'est là la « mort civique ». En 1935, deuxième étape, les lois de Nuremberg (cf. *infra*) séparent *physiquement* les Juifs des autres Allemands : c'est là la « mort politique ». En 1938 enfin, une série de mesures d'ordre économique parachève la mise à l'écart et l'appauvrissement : c'est là la « mort économique ».

Alors qu'en Allemagne et en Autriche, les Juifs sont identifiés, classés, fichés, mis hors la loi courante *avant septembre 1939*, le monde occidental proteste[1] mais ne bouge pas. De cet abandon quasi général des Juifs à leur sort, Hitler conclut prudemment qu'il peut, le jour venu, aller plus loin.

Les fonctionnaires juifs allemands sont révoqués dès avril 1933. Les avocats juifs sont radiés du bar-

1. Le boycott commercial est peu pratiqué jusqu'en novembre 1938.

reau la même année. En juillet 1938, les médecins juifs doivent demander des autorisations d'exercice et limiter leur pratique à une clientèle exclusivement juive. L'expropriation de la communauté juive (« aryanisation »), légalisée, est pratiquée sur une grande échelle après qu'ait été minutieusement définie l'entreprise juive à « aryaniser » : soit celle dont le propriétaire est juif, soit celle qui compte un Juif dans son conseil d'administration, soit celle enfin dans laquelle un Juif détient plus de 25 % du capital ou plus de 50 % des votes. Le 14 juin 1938, Frick, ministre de l'Intérieur, entame le processus d'« aryanisation forcée » qui permet, en transférant la propriété des entreprises à l'État (lequel paie en bons du Trésor), de les revendre, à crédit, aux classes moyennes allemandes. De quoi consolider l'assise sociale du régime. L'antisémitisme satisfait ainsi rapidement et concrètement les intérêts économiques d'une partie de la population, comme s'il s'agissait là d'un substitut à la politique sociale que le nazisme avait jadis promis aux couches moyennes et populaires.

La politique d'« aryanisation » s'accélère en 1938 dans le contexte de la préparation de la guerre. Le décret du 26 avril 1938 contraint les Juifs à déclarer tous leurs biens. Göring, délégué au « Plan de quatre ans » en dispose « conformément aux besoins de l'économie allemande ». D'avril à novembre 1938, au nom des intérêts de l'économie allemande, les services du Reich prélèvent deux des sept milliards de marks de « biens juifs » déclarés. A Vienne, après l'Anschluss[1], l'« aryanisation » prend une forme immédiatement sauvage qui deviendra le modèle à suivre dans les

1. Les réactions de la population juive à l'Anschluss sont marquées par le désespoir : on compte 220 suicides dans les deux dernières semaines de mars 1938. Et la politique menée dans l'*Ostmark* (nom de l'Autriche dans le Reich hitlérien), extrêmement brutale, confirme toutes les craintes.

autres régions du Reich et plus tard dans l'Europe occupée : les propriétaires juifs d'appartements[1] sont expulsés sans compensation aucune, sans relogement. Dès le mois d'avril 1939, le locataire juif est dépouillé de tout droit face à son propriétaire. Même politique d'étranglement en matière de transports : en décembre 1938, le permis de conduire est retiré à ses titulaires juifs.

En matière économique enfin, les entreprises juives et les travailleurs indépendants doivent cesser toute activité au 31 décembre 1938. Le mois précédent, les commerces de détail avaient été frappés d'interdit, et le 3 décembre, ordre avait été donné aux propriétaires juifs de vendre les biens qui leur restaient. Le travail juif, quant à lui, a été placé hors de toute protection sociale. Ainsi existe-t-il une politique salariale spécifique aux Juifs[2].

L'idée progresse aussi de « marquer » les Juifs pour les reconnaître. En janvier 1938, les modifications d'état civil intervenues avant janvier 1933 sont annulées. En août 1938, chaque Juif est obligé d'ajouter à son prénom courant le nom d'Israël pour les hommes, de Sara pour les femmes.

En douze ans d'existence, et pour le seul territoire du Reich, le régime a édicté près de 2 000 ordonnances et décrets antijuifs.

L'exclusion politique : les lois de Nuremberg, 1935. — En 1933, le système juridique au service du nazisme cherche à définir « le Juif ». En adoptant pour critère la religion, le nazisme ne connaît d'abord que des « non-Aryens ». Définition insuffisante aux fins d'exclusion.

1. 70 000 appartements, soit 10 % du parc viennois, appartenaient à des propriétaires juifs ; c'était d'avantage que le nombre de logements sociaux construits par la « Vienne rouge » entre 1919 et 1933 (64 000). L'antisémitisme comme substitut de politique sociale...

2. A partir de 1940, les Juifs sont exclus de toute politique sociale : congés payés, allocations familiales, secours au décès, indemnités pour accidents du travail, congés maladie, pensions de retraite.

C'est pourquoi, lors du Congrès du parti national-socialiste de septembre 1935 à Nuremberg, Hitler ordonne à ses juristes et spécialistes de la « question juive » de préparer le décret intitulé « Loi pour la protection du sang et de l'honneur allemands ». Le décret est rédigé en deux jours et adopté le 15 septembre 1935. Après avoir défini le Juif par ses ascendants (« qui a au moins trois grands-parents juifs »), la loi précise que le Juif n'appartenant pas à la « race aryenne » (le « sang et le sol »), il ne peut être citoyen. Les lois de Nuremberg séparent ainsi nettement les citoyens de l'État (les Juifs) des citoyens du Reich (les autres Allemands). Ces mesures législatives sont la première manifestation de ce racisme « de raison » qu'Hitler appelait de ses vœux en 1919.

Tout mariage, et toute relation sexuelle entre Juif et non-Juif est interdit : ces relations, qualifiées de « souillures », tombent sous l'appellation de « crimes de profanation raciale ». Les Juifs n'étant pas citoyens du Reich (c'est-à-dire citoyens « de sang »), n'auront pas le droit de pavoiser aux couleurs allemandes. Enfin, la loi distingue les « Juifs entiers », placés hors la nation, des « Juifs partiels » pour lesquels elle met en place un inextricable maquis législatif.

III. — L'abandon : de la Conférence d'Évian à la « Nuit de Cristal »

1. **La Conférence d'Évian : juillet 1938.** — Le contexte européen est alors largement xénophobe, sinon dans certains cas, antisémite. La France du Front populaire crée un sous-secrétariat d'État à l'immigration en 1937, le droit d'asile est restreint en 1938 et en janvier 1939, est ouvert à Rieucros, en Lozère, le premier camp pour « étrangers indésirables ». Les États-Unis n'élargissent pas leurs quotas d'immigration et accueillent moins de réfugiés que la France, tan-

dis que l'Europe orientale, et la Pologne au premier chef, dit son désir de se débarrasser de ses Juifs.

C'est pour répondre à la question des réfugiés qu'est réunie en France, à Évian (après que la Suisse, pressentie, se fut dérobée) du 6 au 15 juillet 1938 une conférence internationale à laquelle participent 32 États (l'URSS et la Tchécoslovaquie ne sont pas représentées, l'Italie a refusé de siéger, la Hongrie, la Roumanie et la Pologne qui comptent les plus fortes communautés juives du continent ont envoyé, elles, des « observateurs »).

La conférence aboutit à la création d'un « comité intergouvernemental pour les réfugiés », siégeant à Londres, et chargé d'une « mission exploratoire » auprès des autorités allemandes. Faute de trouver un lieu d'asile, faute d'une réelle ouverture des frontières, faute surtout d'une volonté d'aboutir, le communiqué final conclut que nul ne conteste à l'Allemagne sa souveraineté vis-à-vis de ses nationaux. « Aucun des États, précise le gouvernement français dans un mémoire adressé au ministre des Affaires étrangères du Reich en octobre 1938, ne conteste au gouvernement allemand le droit absolu de prendre à l'égard de certains de ses ressortissants des mesures qui relèvent uniquement de l'exercice de sa souveraineté. »

A la fin de l'année 1938, aux États-Unis, un sondage organisé par l'institut Gallup, traduit ce climat général. A la question : « Accepteriez-vous d'ouvrir plus largement les portes des États-Unis aux réfugiés européens ? », 87 % des personnes interrogées répondent Non, 5 % Oui, et 8 % ne se prononcent pas[1].

La Suisse ferme ses frontières aux réfugiés juifs en mars 1939 après avoir fait apposer par l'Allemagne, l'année précédente, la mention *JUIF* sur le passeport des candidats à l'exil. « Le monde semble être divisé en deux parties : les endroits où les Juifs ne peuvent pas

1. Cité par R. Thalmann in *Dix Leçons sur le nazisme,* Éd. Complexe, p. 221.

vivre et ceux où ils ne peuvent pas entrer» déclarait déjà, en 1936, Haïm Weizmann, chef de file du mouvement sioniste. En 1939, l'épisode du navire *Saint-Louis* illustre cet abandon : le bateau, transportant plusieurs centaines de réfugiés juifs venus d'Allemagne, ne trouve aucun port d'accueil, aucun pays de par le monde n'étant prêt à recevoir ces émigrés[1] qui sont finalement débarqués à Anvers...

Au cœur de cet abandon général des nations, l'Agence juive, « exécutif » du mouvement sioniste, tente de négocier avec le pouvoir nazi le départ d'un certain nombre de Juifs allemands. L'accord, dit de *haavara* (en hébreu, transfert) est signé en août 1933. S'il fait la part belle aux exportations allemandes, et s'il spolie les Juifs de la plupart de leurs biens, l'accord permet surtout à 60 000 Juifs[2] d'entrer en Palestine. Mais ce marché entre sionistes et nazis, reconduit jusqu'en 1939, suscite de violentes polémiques et isole le *Yishouv*[3] au sein du monde juif quant à l'attitude à tenir face au nazisme.

2. **La « Nuit de Cristal » en Allemagne et en Autriche**[4]. — L'assassinat à Paris, le 7 novembre 1938, du conseiller d'ambassade allemand vom Rath[5] par un jeune Juif polonais réfugié d'Allemagne, Hershl Grynzpan[6], est

1. Le *Joint Distribution Committee* demanda à l'Agence juive d'allouer aux réfugiés des certificats d'immigration sur le quota (très restreint, il est vrai, du fait de la puissance britannique) dont elle disposait. L'Agence refusa.

2. Entre 1933 et 1939.

3. Communauté juive en Palestine avant l'indépendance de l'État d'Israël.

4. En mars 1938, l'Anschluss a fait passer 185000 Juifs sous le contrôle du Reich.

5. Vom Rath meurt de ses blessures le 9 novembre 1938.

6. Grynzpan, âgé de dix-sept ans, avait voulu réagir aux souffrances infligées à sa famille par le pouvoir nazi. Le 30 octobre précédent, le gouvernement allemand avait en effet expulsé 15000 Juifs polonais (en les laissant emporter chacun une valise et 10 marks...) vers la Pologne qui n'avait pas voulu d'eux. Ces expulsés, abandonnés de tous, étaient restés dans le *no man's land* entre les deux pays.

pour Goebbels le signal et le prétexte d'un gigantesque pogrom.

Le 8 novembre 1938, le journal du parti nazi, *Völkischer Beobachter*, incitait les dirigeants à organiser, dans tout le Reich, des réunions antisémites. Alors que la traditionnelle commémoration nazie du 9 novembre a commencé à Munich, vom Rath décède. Hitler quitte les lieux sans prononcer le discours attendu. Goebbels prononce alors une violente diatribe antisémite : c'est le signal du pogrom qui devait avoir lieu sans que le NSDAP apparaisse au premier plan. Des agents provocateurs, aidés des chefs du parti, des organisations nazies (dont les Jeunesses hitlériennes et les SA, bientôt rejoints par les SS), sont au premier rang des pogromistes[1].

Les agresseurs se ruent à l'assaut des synagogues (267 d'entre elles sont pillées, saccagées, incendiées), des maisons communautaires, des institutions juives encore en vie et même des lieux privés (des maisons, des appartements sont saccagés, 7 500 magasins sont dévalisés ou détruits) du 9 novembre au soir au 10 en fin d'après midi.

Près d'une centaine de Juifs sont assassinés, plusieurs centaines sont gravement blessés, des femmes sont violées (malgré l'interdit racial), partout le sadisme se déchaîne. Les enfants juifs sont chassés des orphelinats. Près de 30 000 hommes sont arrêtés dont 11 000 sont envoyés à Dachau et près de 10 000 à Buchenwald : c'est le premier internement massif de Juifs en tant que tels[2]. En Autriche, le pogrom est plus brutal encore que dans l'« ancien Reich » : 42 synagogues sont détruites, 27 Juifs sont tués, une centaine est

1. Contrairement à une idée reçue, la « Nuit de Cristal » n'est pas la première manifestation de violences ouvertes contre les Juifs. Durant l'été 1938, les synagogues de Munich, Nuremberg et Dortmund avaient été dynamitées.

2. Sur ces 30 000 internés, âgés de seize à quatre-vingts ans, 2 000 vont périr des sévices subis dans les mois qui suivent.

blessée gravement. Plus de 6 500 personnes sont arrêtées dont la majorité sont internées à Dachau.

Pour « réparer les dégâts », la communauté juive est condamnée à payer une amende d'un milliard de marks (400 millions de dollars au cours officiel) prélevé sur les 7 milliards d'avoirs juifs bloqués depuis avril 1938. La « Nuit de Cristal » comme l'appellent les nazis (du fait des tonnes de verre brisé) a été permise par le silence occidental (l'échec de la Conférence d'Évian, cf. *supra*), mais elle suscite en Europe et aux États-Unis indignation et écœurement, ce qui ne modifie pas pour autant les politiques d'immigration en faveur des réfugiés juifs.

L'absence d'ordres formels et le déchaînement de violences donnent, à tort, l'impression d'une émeute spontanée. En fait, la majorité de la population réprouve ces violences[1]. Mais peu de voix s'élèvent pour le dire et les Églises, en particulier, n'émettent aucune protestation publique.

Le régime nazi, conscient du retentissement national et international de l'événement, est décidé à ne pas recommencer dans cette voie. Ainsi, la « Nuit de Cristal » annonce-t-elle en creux le processus légal, bureaucratique et discret que sera la « Solution finale ».

Elle va toutefois dans le sens voulu par le pouvoir depuis 1933 : l'expulsion. 150 000 Juifs (sur 500 000 environ recensés en 1933) quittent l'Allemagne entre 1933 et 1938 et, en 1939, près de la moitié de la communauté a émigré...

37 000 Juifs émigrent au lendemain des premières persécutions. Entre 1934 et 1937, on enregistre environ 25 000 départs par an : la moitié de ces exilés trouvent

1. Un document SS autrichien note immédiatement après les faits : « La connaissance de ces violences dans le détail a eu une mauvaise influence sur l'ambiance générale. Ainsi le bon accueil réservé initialement à l'action fut progressivement remis en question » (cité in G. Botz, *La politique nazie d'extermination, op. cit.*, p. 217).

refuge en Europe occidentale (surtout en France), un quart trouve asile en Palestine. La politique d'émigration que préconise le Reich s'accélère avec l'*Anschluss*, en mars 1938. Dès le mois d'avril, est créé à Vienne un Centre d'émigration juive que prend en charge l'adjudant-chef SS Adolf Eichmann qui organise en six mois la quasi-expulsion de près de 45 000 Juifs, le quart de la communauté[1]. Tel est le mot d'ordre : faire partir. Après la « Nuit de Cristal », Hitler confie à Göring la responsabilité de la « question juive ». Le 24 janvier 1939 Göring charge Frick, ministre de l'Intérieur, de « réaliser par tous les moyens l'émigration des Juifs hors d'Allemagne ». Ce même mois de janvier 1939, est fondée à Berlin une officine semblable à celle de Vienne : Heydrich, chef de la police de sécurité, prend la direction de ce « Bureau central pour l'émigration des Juifs ».

Après la « Nuit de Cristal », la terreur aidant, les départs s'accélèrent : en 1938-1939, 120 000 Juifs quittent l'Allemagne.

1. Au 30 novembre 1939, plus de 126 000 Juifs (sur 191 000) quittent l'Autriche. Durant la guerre, 23 500 parviennent encore à émigrer.

Chapitre III

UNE POLITIQUE CHAOTIQUE : 1939-1941

I. — Les hésitations

1. **L'étranglement programmé dans le Reich et en Pologne.** — L'entreprise de destruction du judaïsme européen est un mélange de rationalité bureaucratique et d'improvisation constante. Ses fonctionnaires voient rarement plus loin que l'étape en cours.

Sitôt la guerre commencée, le rationnement est planifié, la faim est organisée selon des modalités tatillonnes. Dès décembre 1939, les Juifs allemands sont exclus des distributions spéciales de nourriture, puis ordre est donné, en mars 1940, de les identifier en apposant un J sur leurs cartes d'alimentation[1]. Des horaires spéciaux d'approvisionnement leur sont réservés dans les magasins (à Berlin, de 16 à 17 heures). En septembre 1939, le couvre-feu dès 20 heures leur est imposé, les postes de radio leur sont confisqués. En novembre, des restrictions de déplacement sont ajoutées, restrictions d'horaires et de lieux, tandis que les transports en commun leur sont interdits en septembre 1941, puis tout transport public en mars 1942.

En septembre 1941, le gouvernement oblige tout Juif allemand âgé de plus de six ans à porter l'étoile de David cousue sur le côté gauche de son vêtement et où le mot *JUDE*, en lettres noires, se détache sur fond

1. Puis, à partir de mars 1942, du mot *JUDE* en diagonale.

jaune[1]. Au même moment, le fait n'est pas fortuit, il est interdit aux Juifs de quitter leur commune de résidence. Un mois plus tard, l'Europe allemande est définitivement fermée à l'émigration juive.

La politique d'exclusion est plus brutale encore en Autriche *(Ostmark)*. A partir de l'automne 1939, les 105 000 Juifs de Vienne sont regroupés et entassés dans quelques quartiers de la ville. La misère s'installe : la communauté distribue un repas quotidien à plus de 33 000 personnes[2]. C'est à Vienne qu'est expérimenté le processus de destruction progressif, chaque étape préparant et renforçant la suivante, préparation psychologique ouvrant la voie à une radicalisation violente.

La Pologne, envahie par l'Allemagne le 1er septembre 1939 puis par l'URSS le 17 septembre, capitule le 25 du même mois et disparaît en tant qu'État. Elle est divisée en quatre zones : une partie est annexée par l'Allemagne *(Warthegau)*[3], une autre est annexée par l'URSS, une troisième zone, celle de Vilna, est annexée par la Lituanie et le résidu enfin, occupé par les Allemands, est dénommé par eux « Gouvernement général ».

A l'automne 1939, 1 900 000 Juifs restent sous contrôle allemand : 600 000 dans le *Warthegau* et 1 300 000 dans le « Gouvernement général ». Sitôt le pays occupé, les conditions faites à la population juive sont marquées par une violence inouïe. Les anciens, qui se souviennent de l'occupation allemande de 1914, sont déroutés. Dès novembre 1939, dans le « Gouvernement général », les Juifs sont astreints au port d'un brassard blanc marqué d'une étoile de David bleue.

1. C'est symboliquement le même jour que les Juifs allemands doivent remettre médailles et décorations.

2. Pour l'essentiel, une population âgée : les moins de quarante ans ne représentent plus que 15 % des effectifs de la communauté juive viennoise.

3. L'Allemagne annexe deux territoires qu'elle constitue en *Reichgaue*, Dantzig et Wartheland. C'est ce dernier territoire, centré autour de Poznan (Posen) et de Lodz (Litzmannstadt) qui est désigné sous le terme *Warthegau*.

Dans le *Warthegau*, ils doivent arborer deux étoiles cousues sur le vêtement, devant et dans le dos. A partir du 11 décembre 1939, tout changement de domicile leur est interdit. Ils sont soumis au couvre-feu de 21 heures à 5 heures du matin. Les chemins de fer leur sont interdits dès le mois de janvier 1940. Le recensement est obligatoire et sur leurs pièces d'identité doit figurer une marque spéciale.

Les petites communautés juives (moins de 500 personnes) sont dissoutes, les villages sont mis à sac, incendiés, les « opérations de regroupement » donnent lieu à des brutalités systématiques. Les biens laissés par les Juifs sont déclarés « abandonnés ». Les ateliers, les magasins, les entreprises doivent être cédés à vil prix aux « Allemands ethniques ». Dans le « Gouvernement général » enfin, le travail forcé (en clair, une exploitation sans limites) est mis en œuvre par le décret du 26 octobre 1939.

2. **Émigration et relégation.** — Entre 1933 et 1939 au moins, à travers les errements des décisions accumulées, l'Allemagne nazie cherche le départ massif des Juifs allemands. Mais le rêve d'une nation *judenrein* s'éloigne au fur et à mesure que le IIIe Reich se renforce : l'*Anschluss* en mars 1938, l'annexion des Sudètes en octobre de la même année, le Protectorat de Bohême et de Moravie en mars 1939 font qu'en une seule année le « problème juif », sur le plan numérique, est redevenu pour le Reich aussi important qu'en 1933.

Avec l'éclatement de la Seconde Guerre mondiale, la « question juive » prend une ampleur exceptionnelle. En septembre 1939, la date est symbolique, Himmler chef suprême des polices et de la SS, fonde le RSHA[1] (Office central pour la sécurité du Reich) qu'il confie à Reinhard Heydrich. En son sein, le bureau IV

1. Le RSHA réunit la police de sécurité, organe de l'État dont relevait la Gestapo, et le SD, organe du Parti.

comprend le service de la « question juive » que dirige Adolf Eichmann, auparavant responsable de l'« émigration » juive à Vienne.

En vassalisant la Pologne (septembre 1939), l'Allemagne contrôle l'un des deux centres vitaux du judaïsme européen et mondial. En même temps que la guerre se prolonge avec le Royaume-Uni (1940-1941), les possibilités d'émigration de masse s'amenuisent. A deux reprises au moins, les responsables allemands mettent sur pied des projets de « réserve juive ».

En septembre 1939, un premier projet de Heydrich prévoit d'expulser en masse les Juifs des régions germanophones vers le district de Lublin, dans le « Gouvernement général ». Son gouverneur, Hans Frank, ne veut pas que sa « colonie modèle » devienne une « réserve juive ». Göring, responsable de l'économie allemande, ne tient pas à priver les territoires incorporés au Reich d'une main-d'œuvre asservie. Ces deux résistances conjuguées expliquent pour partie l'abandon du projet de « réserve juive » en Pologne, dit « projet Nizko ». De fait, en mars 1940, les déportations vers le « Gouvernement général » sont interdites.

Le 25 mai 1940, Himmler remet à Hitler un mémorandum envisageant « l'émigration de tous les Juifs vers l'Afrique ou ailleurs dans une colonie ». Après la défaite française, Eichmann étudie le projet d'émigration, sur quatre ans, de quatre millions et demi de Juifs vers l'île française de Madagascar (50 000 km^2) après évacuation des 25 000 colons français... Telle est en substance le deuxième projet d'émigration de masse, celui d'une réserve juive, dirigée par un gouverneur allemand placé sous les ordres de Himmler.

L'idée n'est pas neuve. La Pologne l'avait déjà évoquée en 1937 et en avait fait part au gouvernement français, et la convention d'armistice franco-allemande de 1940 prévoyait la cession de Madagascar au Reich. Mais la poursuite de la guerre contre les Britanniques dérange les plans initiaux : comment convoyer vers

Madagascar, par voie maritime, quatre millions de Juifs ?

Hitler, bientôt acculé à une double impasse (la guerre à l'Ouest et le « problème juif ») choisit la fuite en avant dans la seule guerre qui vaille à ses yeux, l'invasion de l'URSS. Mais la « question juive » redouble alors d'intensité car l'Allemagne, à l'été 1941, contrôle désormais la plus grande part du judaïsme européen. De surcroît, la nature de la guerre menée contre le bolchevisme (cette création des Juifs aux yeux de l'antisémitisme européen), une « guerre d'extermination » précise Hitler à plusieurs reprises *(Vernichtungskrieg)* implique la destruction du judaïsme soviétique. C'est dans ce contexte que le projet malgache, déjà remisé à l'automne 1940, est officiellement abandonné en février 1942.

En octobre 1941, lorsque l'Allemagne, changeant brutalement de politique, décide d'interdire toute émigration, 537 000 Juifs du Reich auront déjà pu quitter l'Europe : 360 000 de l' « ancien Reich », 147 000 d'Autriche et 30 000 de Bohême-Moravie.

II. — **Transferts et enfermement : la mort programmée du ghetto**

Durant les premiers mois de l'occupation, la communauté juive polonaise croit encore l'orage passager. Nul n'imagine la « Solution finale ».

Dès fin 1939, sous la houlette de Hans Frank, les Juifs sont rassemblés et entassés dans un quartier de la ville, clôturé de hauts murs, et soumis à couvre feu de 19 heures à 7 heures. Officiellement, il s'agit d'enrayer le typhus et d'éradiquer le marché noir juif. Officieusement, le ghetto doit faire jouer la « sélection naturelle » par la faim, l'épuisement et l'épidémie.

Le ghetto de Lodz (rebaptisée Litzmannstadt) est le premier créé en avril 1940. Il est bientôt suivi de ceux de Varsovie (octobre 1940), de Cracovie (mars 1941) de Lublin (avril 1941) et de Lwow (Lemberg, décembre 1941), le troisième en importance après Varsovie et Lodz. Il n'y a ni plan d'ensemble, ni modèle unique à imiter, mais partout les contacts avec le monde sont très limités (le téléphone est d'usage extrêmement réduit, la plupart des agences bancaires sont fermées), tandis qu'à l'intérieur, contrairement à l'illusion des premiers temps, la présence allemande est puissante par le biais de la *Gestapo* et de la *Kripo* (police criminelle). Fin 1941, presque tous les Juifs du « Gouvernement général » sont parqués dans les ghettos alors que, depuis six mois déjà, le meurtre de masse a commencé en URSS.

1. **Lodz et Varsovie.** — Le ghetto de Lodz est constitué dans un quartier de taudis où s'entassaient déjà 62 000 Juifs. Près de 100 000 autres y sont transférés en quelques semaines. La densité d'occupation des logements monte alors à 6 personnes par pièce.

A partir d'octobre 1941, le ghetto sert de centre de transit pour les Juifs déportés du Reich, ainsi que pour un certain nombre de Tziganes, dernière étape avant leur assassinat. L'entassement, la faim et les épidémies produisent les effets escomptés. En avril 1941, le ghetto reçoit 2 438 t de farine, en août, il en reçoit 1 210 et ces rations s'amenuisent[1] jusqu'à la liquidation finale en août 1944 d'autant que deux organismes répartissent la nourriture, la “filtrent” : les

1. « Le président a convoqué aujourd'hui les dirigeants de tous les ateliers : « Sachez, Juifs, a déclaré le président, qu'il n'y aura plus à manger dans le ghetto. La raison en est que tous les transports par rail sont affectés aux militaires et que lorsque j'essaie d'intervenir afin que l'on nous envoie quelques wagons de farine ou de pommes de terre, on me répond que les Allemands souffrent également de faim. Les militaires ont priorité, ensuite vient la population civile allemande, puis après eux les Polonais et, en tout dernier lieu, s'il reste des wagons, nous obtiendrons quelque chose» (Shloyme Frank, Journal du ghetto de Lodz, 14 juillet 1942, in *Le Monde juif,* n° 154, mai 1995, p. 62).

Allemands d'abord, le Conseil juif ensuite, d'où le favoritisme et la corruption. Ainsi, les colis de nourriture qui arrivent sont souvent consommés par la police du ghetto.

Un quart de la population internée (200 000 personnes) meurt dans le ghetto. 55 000 autres disparaissent dans les déportations des cinq premiers mois de 1942. Les déportations les plus massives ont lieu entre le 5 et le 12 septembre 1942. Shloyme Frank raconte une de ces *« Aktion »* allemandes : « Les mamans tremblaient d'angoisse de crainte qu'on ne leur arrache leurs enfants, tombaient subitement en proie à la folie. Les enfants se cramponnaient à leurs mamans, s'accrochaient à leurs jambes et imploraient pitié (...). Toutes les cachettes ont été découvertes et les enfants ont été abattus devant les yeux de leurs parents. » Au troisième jour de l'*« Aktion »* : « Le sang maculait les rues. Des morts, des morts, des morts. (...) Un troisième assassin (un certain Schmidt) a rassemblé quatre petits enfants, les a forcés à s'agenouiller et à ouvrir la bouche. Lorsque les enfants, livides de peur, ont ouvert leur bouche, il a tiré successivement dans la bouche de chacun d'entre eux. (...) Aucun d'entre eux n'a poussé un cri. Ils sont restés étendus, raidis dans la mort, sur le trottoir de la rue Lagewnicka. »[1]

Fin 1942, Lodz est devenu par défaut, et pour des raisons économiques (la SS vend la main-d'œuvre juive servile aux nombreuses entreprises allemandes locales) le plus grand ghetto polonais : 80 000 personnes y touchent des rations alimentaires de prisonniers et travaillent douze heures par jour. En août 1944, le ghetto est liquidé et ses survivants sont déportés à Auschwitz.

393 000 Juifs vivaient à Varsovie avant guerre. En août 1940, les Allemands divisent la ville en trois

1. In *Le Monde juif*, mai 1995, p. 79.

quartiers (allemand, polonais, juif) et décident le 2 octobre la création du ghetto qu'ils n'appelleront jamais que « quartier juif ». Lequel, après avoir été ceint de hauts murs, est clos le 16 novembre 1940 : 138 000 Juifs y affluent sur un espace extrêmement réduit. En 1941, le ghetto compte près de 470 000 Juifs et malgré la faim omniprésente et la maladie, la vie y est extraordinairement vivace encore. Cette « libre société d'esclaves »[1] déploie une intense activité sociale. En janvier 1942, les cantines distribuent 70 000 repas à midi, les comités d'immeubles gèrent les problèmes quotidiens, un enseignement clandestin est mis sur pied, à l'instar des *yeshivot*[2] et des offices religieux. La vie culturelle continue : on monte des pièces de théâtre et, autour de l'historien Emmanuel Ringelblum, toute une équipe (*Oneg Shabbath*, la joie du Shabbath...) poursuit l'archivage des documents relatant au jour le jour l'étranglement d'une communauté de près d'un demi million d'êtres humains.

La nourriture parvient en quantités dérisoires et le marché noir prospère. Le ghetto meurt lentement par la volonté allemande et la passivité, sinon la complicité polonaise. Dès mai 1941, le président du Conseil juif, Czerniakow, note : « Enfants mourant de faim. » La ration de pain tombe à 700 g par semaine, on meurt d'inanition dans les rues, la mortalité triple en deux mois. Début 1942, la ration de base tombe à 500 g de pain par semaine. On compte en permanence 40 % de malades décimés par la tuberculose, la grippe et le typhus. Début 1942, le ghetto compte une naissance pour 45 décès. Avant que commence la « Grande Action » de juillet 1942, l'étranglement programmé a assassiné 83 000 personnes.

1. E. Ringelblum, in *Chronique du ghetto de Varsovie*, Paris, Payot, 1995.
2. Écoles d'études religieuses.

2. **Les Conseils juifs.** — Les Conseils juifs sont mis en place à l'initiative des Allemands[1] dans le « Gouvernement général » par le décret du 28 novembre 1939. Leur but est de faire prendre en charge par la communauté juive elle-même l'essentiel des tâches administratives et bureaucratiques propres à son recensement, à sa spoliation puis à sa déportation. Le Conseil juif est donc le relais entre les autorités allemandes et les communautés juives. Autrement dit, les Juifs par le biais du Conseil qui leur est imposé doivent prendre en main, étape après étape et en pensant toujours en acceptant celle-ci éviter la prochaine qui apparaît pire encore, leur propre assassinat.

Le Conseil[2] est soit nommé directement par les Allemands, soit, comme c'est le cas le plus fréquent, il est organisé à l'intérieur de la communauté par ses chefs traditionnels laïcs et religieux. Dans la plupart des cas, les notables juifs d'avant-guerre sont reconduits dans des fonctions qui n'ont évidemment plus rien à voir avec la vie communautaire d'autrefois.

Le Conseil juif est piégé : devenu, *de facto*, une administration municipale, on lui demande de résoudre les problèmes de l'autarcie sans lui en donner les moyens, et en le faisant dépendre de l'extérieur pour sa simple subsistance. L'épouvante organisée par les Allemands ne peut que favoriser clientélisme et corruption.

A Varsovie, le Conseil avec à sa tête l'ingénieur Adam Czerniakow (1880-1942), ancien président de la *kehilla* (communauté), compte près de 6 000 employés. Il doit assurer la distribution des cartes de rationnement, la répartition de la nourriture dans les cantines populaires, l'affectation des logements, la perception des impôts, la gestion des écoles, l'organisation des soins médicaux, du travail intérieur et extérieur sous la coupe des Allemands dans tous ces domaines cités. Mais, aux yeux de l'occupant, le Conseil a aussi pour fonction de détourner la colère des victimes contre des hommes dont certains sont, à côté de vrais opportunistes, des militants admirables de dévouement.

L'Allemagne nazie a détruit en priorité les élites des « nations esclaves » (Pologne, Russie, etc.) qu'elle avait asservies. Les élites juives, en revanche, sont éliminées en dernier : l'appareil d'État

1. Et ce depuis la création le 4 juillet 1939 de la *Reichsvereinigung der Juden in Deutschland.* Regroupant les communautés d'Allemagne, d'Autriche et de Prague, la *Reichsvereinigung,* en supprimant les organes représentatifs de la communauté juive, devient à son corps défendant la courroie de transmission du RSHA auprès des victimes. Plus tard, les Conseils juifs, jusqu'au dernier en date, l'Association des Juifs hongrois créée le 19 avril 1944, seront tous forgés sur ce modèle.

2. Une communauté de moins de 10 000 personnes doit avoir un Conseil de 12 membres, de 24 membres si son effectif est supérieur.

allemand, jusqu'au dernier moment, a besoin des instances communautaires pour encadrer une population destinée tout entière à l'anéantissement physique.

Les Conseils juifs, et plus encore la police juive du ghetto, suscitent une réaction violente. Ils ont facilité une œuvre de destruction que personne en 1940, ni même en 1941, ne pouvait vraiment envisager. C'est peut-être pour l'avoir compris qu'Adam Czerniakow, l'une des grandes figures du ghetto de Varsovie, décide fin juillet 1942 de mettre fin à ses jours en avalant la capsule de cyanure qu'il portait toujours sur lui.

III. — Le tournant de l'été 1941 : la première phase du génocide

1. **La création des *Einsatzgruppen*.** — Au cours du printemps 1941, dans le plus grand secret, sont mis sur pied quatre commandos couvrant l'espace du front, opérant à l'arrière de l'armée, et chargés d'assassiner Juifs et commissaires politiques communistes de l'URSS[1]. Ces presque 3 000 hommes, tous volontaires, commandés par des officiers de haut grade dont certains sont hommes d'Église ou intellectuels brillants, constituent les *Einsatzgruppen* ou « groupes d'action spéciale »[2]. Chacun de ces groupes compte entre 500 et 1 000 hommes. L'*Einsatz*-

1. La nature « particulière » de cette guerre est réaffirmée par nombre de chefs de l'armée régulière. Ainsi cet ordre du maréchal von Reichenau, commandant en chef de la 6e armée sur le front russe, le 10 octobre 1941 : « Le but le plus important de la guerre contre le système judéo-bolchevique est la destruction complète de ses moyens d'action et l'élimination de l'influence asiatique dans la culture européenne. Sous ce rapport, les troupes se trouvent en présence de tâches qui dépassent la simple routine militaire. Celui qui combat dans les territoires de l'Est n'est pas seulement un soldat selon les règles de l'art militaire, c'est aussi le porteur d'une impitoyable idéologie nationale et le vengeur des brutalités dont l'Allemagne et les pays qui y sont rattachés racialement ont été les victimes. C'est pourquoi le soldat doit parfaitement comprendre les nécessités d'une vengeance sévère mais juste contre cette humanité inférieure qu'est la juiverie » (in *Procès des grands criminels de guerre devant le Tribunal militaire international de Nuremberg*, 1947-1949, t. 4, p. 476).

2. Ces *Einsatzgruppen* ne sont pas chose nouvelle. On les a vus en mars 1938 en Autriche, en octobre 1938 dans les Sudètes, en mars 1939 dans le reste de la Tchécoslovaquie transformée en protectorat de Bohême-Moravie. Mais il est vrai qu'il ne s'agissait pas alors d'une politique d'assassinats de masse.

gruppe A dépend du groupe d'armées Nord, le B dépend du groupe d'armées Centre, le C du groupe d'armées Sud, le D enfin dépend de la XIe armée (cf. carte p. 43).

Il n'est plus question d'expulsions ni de camp de travail. Le meurtre de masse est programmé dans des « opérations mobiles de tuerie » (Hilberg). Sur les trois millions de Juifs qui peuplent les territoires envahis à partir du 22 juin 1941, un million et demi parviennent à s'enfuir.

Les massacres commencent en juin et prennent à partir du mois d'août un caractère massif. Le 17 juillet 1941, R. Heydrich prescrit d'identifier parmi les prisonniers de guerre soviétiques ceux ayant des responsabilités dans l'appareil du parti bolchevique ou dans l'État et, en second lieu, d'identifier tous les Juifs. Les premiers devront être classés, selon leurs fonctions, en onze catégories. Les seconds devront être exécutés sans jugement.

2. **Les « opérations mobiles de tuerie »**. — A partir de la fin du mois de juin 1941, à l'arrière du front soviétique, les fusillades se succèdent sans interruption. Aucun secret n'entoure encore ces massacres contrairement à la prudence qui prévaudra par la suite. La population juive capturée par les *Einsatzgruppen*, en majorité des femmes, des enfants, des vieillards (de nombreux hommes ont été incorporés dans l'Armée rouge), est rassemblée à l'écart de la bourgade ou de la ville. Auparavant, un détachement de « travailleurs juifs » avait été emmené creuser les fosses communes tandis qu'un cordon policier se déployait autour du village ou du quartier. La plupart des Juifs se rendent au point de rassemblement, quelques-uns se cachent mais, s'il sont retrouvés, sont fusillés sur-le-champ ou brûlés vifs[1] dans leurs maisons.

Du point de rassemblement, par groupes de 50 à 100 personnes, à pied ou en camion, les victimes sont conduites à peu de distance, jusqu'au lieu du massacre.

1. Comme c'est le cas à Minsk. D'autres sont noyés (mer Noire).

Elles s'y déshabillent, et se tenant au bord de la fosse, elles sont assassinées par vagues successives sous le feu roulant du commando, tombant sur les corps des premiers, agonisant sous le poids des suivants, restant parfois plusieurs dizaines d'heures à respirer encore après une longue hémorragie.

Les fusillades de *Babi Yar* en septembre 1941 sont le symbole de cette destruction de masse. L'armée allemande entre à Kiev le 19 septembre 1941. Dix jours plus tard, les 29 et 30 septembre, 33771 Juifs sont massacrés non loin de là, dans le cirque de *Babi Yar* par les commandos de l'*Einsatzgruppe* C. Des colonnes de Juifs sont amenées là, encadrées par les *einsatzkommandos* allemands, brutalisées par les Ukrainiens, forcées de se déshabiller et de remettre leurs objets de valeur. Nus, ils sont conduits dans un cirque de 150 m de longueur sur 30 de large et 15 de profondeur. Kurt Werner, membre du commando spécial SK 4*a* : « (...) Immédiatement après mon arrivée sur les lieux d'exécution, j'ai dû descendre au fond de ces gorges avec mes camarades. Il n'a pas fallu attendre longtemps avant que les premiers Juifs soient amenés et descendent la pente. Les Juifs devaient se coucher le visage contre la paroi du gouffre. Au fond du gouffre, les tireurs avaient été divisés en trois groupes d'environ 12 hommes. Les Juifs étaient tous conduits en même temps aux pelotons d'exécution. Les suivants devaient s'allonger sur les corps de ceux qui venaient d'être exécutés. Les tireurs se mettaient derrière eux et les abattaient d'une balle dans la nuque. Je me souviens encore aujourd'hui qu'ils étaient saisis d'épouvante dès qu'ils arrivaient au bord de la fosse, et apercevaient les cadavres. Beaucoup d'entre eux, terrifiés, ont commencé à crier. »[1]

1. In *Pour eux, « c'était le bon temps ». La vie ordinaire des bourreaux nazis,* Ernst Klee, Willy Dressen, Volker Riess, Plon, 1990, p. 61 (1re édition allemande 1988, traduit de l'allemand par Catherine Métais-Bührendt).

Des massacres à grande échelle sont commis également par l'armée roumaine qui s'empare d'Odessa le 16 octobre 1941. Onze jours plus tard, les partisans soviétiques y font sauter son quartier général. Les représailles roumaines s'abattent sur les Juifs qui doivent sur-le-champ donner un otage par famille. Le 28 octobre 1941, lendemain de l'attentat, 19 000 d'entre eux sont fusillés dans Odessa tandis qu'à quelques kilomètres de là, près de 30 000 autres sont entassés dans d'immenses entrepôts, mitraillés, puis brûlés vifs. Ces tueries sporadiques ne concernent pas le seul territoire soviétique. Nombre de petites communautés juives de Pologne, en 1942 et 1943, sont anéanties de la sorte. Pour exemple, la tuerie de Jozefow, bourgade située au sud-est de Lublin dans le « Gouvernement général », perpétrée le 13 juillet 1942 par le 101e bataillon de réserve de police allemande. Un des policiers, Wilhem G. : « Nous avons commencé par tirer à vue. Lorsque l'un d'entre nous visait trop haut, le crâne tout entier explosait, et des morceaux de cervelle et d'os volaient partout. Alors on nous a dit de placer la pointe de la baïonnette sur la nuque. »[1] Un autre exécutant précise : « A tirer ainsi à bout portant, la balle frappait la tête de la victime sur une trajectoire telle que souvent le crâne tout entier, ou du moins l'arrière de la boîte crânienne, était emporté ; du sang, des éclats d'os et des morceaux de cervelle se répandaient partout et éclaboussaient les tireurs. »[2]

A Jozefow, une douzaine d'hommes (sur 500) ont refusé la tuerie alors que le commandant du bataillon leur en laissait la possibilité. Les refus d'obéissance sont partout restés rares et dans la quasi-totalité des cas connus, dans ces situations-là, ils n'ont pas été

1. *In* Christopher Browning, *Des hommes ordinaires,* Les Belles Lettres, 1994, p. 90.
2. *Ibid.*, p. 90-91.

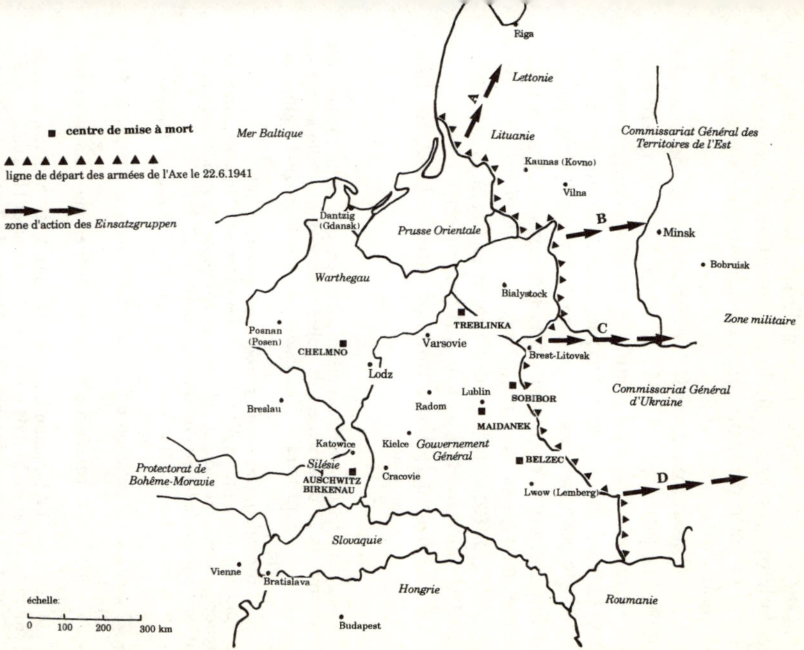

Carte 1. – La Pologne et l'URSS sous occupation allemande 1941-1944, géographie du génocide juif

sanctionnés. « (...) Cependant, le maréchal des logis Kosar m'a trouvé à cet endroit et m'a ordonné de participer à l'exécution comme il en avait été décidé précédemment. J'ai refusé parce que je ne pouvais pas faire feu sur des hommes sans défense, je ne voulais pas devenir un assassin (...). Je n'ai souffert d'aucun préjudice à la suite de mon refus de faire partie du peloton d'exécution. »[1]

La « chasse aux Juifs » (l'expression est de l'un des tueurs) se poursuit en 1942 et 1943, « c'était notre pain quotidien »[2]. L'armée régulière non seulement assiste aux tueries mais prête fréquemment main forte aux assassins comme c'est le cas en Serbie, en Biélorussie, en Russie, en Ukraine et dans les Pays baltes : « Il est même arrivé que des membres de la *Wehrmacht* nous prennent notre carabine des mains et tirent eux-mêmes à notre place avec le peloton d'exécution. »[3]

De la fin juin 1941 au mois de janvier 1942, les *Ein-*

1. Un témoignage entre beaucoup d'autres, celui d'un membre du 3e escadron du IIe détachement de police montée qui raconte les exécutions de Juifs perpétrées à Hrubieszow, en URSS, en 1941... (in *Pour eux..., op. cit.*, p. 72).

2. *In* Browning, *Des hommes ordinaires, op. cit.*, p. 169.

Voici une liste, incomplète du fait des carences d'archives, tirée des rapports secrets, quotidiens, relatifs aux bataillons de police opérant en Russie méridionale (in *Des hommes ordinaires,* p. 32-33) :

— 19 août 1942 : le 314e bataillon a fusillé 25 Juifs. A Slavuta, le 45e bataillon a fusillé 522 Juifs ;
— 22 août : le 45e bataillon a fusillé 66 et 471 Juifs, aux cours de deux actions ;
— 23 août : le 314e bataillon a fusillé 367 Juifs en une « action de nettoyage » ;
— 24 août : le 314e bataillon a fusillé 294 Juifs, le 45e bataillon a fusillé 61 Juifs, et l'« escadron de police » (police montée) 113 Juifs ;
— 25 août : le régiment de police de la région Sud a fusillé 1 324 Juifs ;
— 27 août : selon un rapport, le régiment de police de la région Sud a fusillé 549 Juifs et le 314e bataillon a fusillé 69 Juifs. Un second rapport crédite le régiment de police de la région Sud de 914 Juifs fusillés ;
— 28 août : le régiment de police de la région Sud a fusillé 369 Juifs, etc.

3. Erich Heidborn, membre du commando spécial 4*a* (cité in *Pour eux..., op. cit.*, p. 116).

satzgruppen assassinent 800 000 personnes[1]. Jusqu'à la fin de 1942, le bilan des *Einsatzgruppen* se monterait à 1 300 000 victimes juives.

Mais les témoins sont nombreux et gênants, à commencer par l'armée régulière. Les tueurs, souvent trop ivres pour continuer encore, parlent parfois. La méthode n'est pas au point, estime Himmler en visite[2] à Minsk vers le 15 août 1941. Il faut rendre le processus du meurtre de masse plus rapide, plus discret, moins démoralisant. De là l'idée d'expérimenter, quelques mois plus tard, un camion à gaz.

Du point de vue des assassins pourtant, l'opération a réussi : grâce à la collaboration de l'armée régulière, grâce à l'attitude d'une population qui fut parfois l'auxiliaire des Allemands (comme dans les Pays baltes et en Ukraine), grâce enfin à la paralysie des victimes civiles, des femmes, des enfants et des vieillards en majorité, longtemps sous-informées de la réalité nazie du fait de la censure soviétique, et finalement abandonnées de tous.

IV. — *La* décision du génocide[3] ?

Alors que se déroulent ces massacres, l'Allemagne ferme les frontières du continent et commence d'appliquer à l'ensemble du judaïsme européen la politique du

1. Exemple du bilan de l'*Einsatzgruppe* A opérant dans les Pays baltes et en Ruthénie blanche, en date du 1er février 1942.

Exécutions :

— Juifs : 229 063 (95,3 %) ;
— communistes et partisans : 9 400 (3,9 %) ;
— malades mentaux : 1 635 (0,7 %) ;
— « Spéciaux » : 312 (0,1 %)

(*in* H. Krausnick et H.-H. Wilhelm, *Die Truppe des Weltanschauungskrieges. Die Einsatzgruppen der Sicherheitspolizei und des SD 1938-1942*, Stuttgart, DVA, 1981, p. 607).

2. A la suite de cette visite, Himmler charge Nebe, chef de l'*Einsatzgruppe* B, de trouver un moyen d'exécution « plus humain » (pour qui ?).

3. Le mot a été forgé à la fin de la guerre (cf. chap. VI).

meurtre de masse. De cette décision[1], prise par Hitler lui-même, et restée probablement verbale, il subsiste un document du ministre de l'Intérieur Göring, rédigé par Eichmann en date du 31 juillet 1941, et adressé à Heydrich, chef du RSHA : « (...) Je vous donne mission par la présente de prendre toutes les mesures préparatoires nécessaires, qu'il s'agisse de l'organisation, de la mise en œuvre, des moyens matériels, pour obtenir une solution totale de la question juive dans la zone d'influence allemande en Europe (...). »

La guerre contre l'URSS était prévue pour durer quelques mois, l'armée de terre en fixant le terme à la mi-septembre. Début août 1941, le paysage s'assombrit : il n'est plus question d'être à Moscou le 15 août et de terminer la guerre le 1er octobre comme Hitler l'avait souhaité et prédit. Dans ses monologues d'août et de septembre 1941, Hitler remâche le souvenir de la défaite de 1918[2].

C'est probablement à la fin du mois de septembre 1941, sur ce fond d'angoisse obsidionale propre au pangermanisme[3], qu'Hitler, gagné par la crainte d'une défaite, prend la décision du massacre de masse des Juifs d'Europe. La guerre à l'Est lui permet de mettre en œuvre une politique souhaitée depuis longtemps. Le tournant opéré par les *Einsatzgruppen* dans la deuxième quinzaine d'août 1941 confirme le soubassement idéologique et militaire de la décision.

1. Peut-on parler d'*une* décision ou plutôt, comme le préconise Marlis Steinert, d'un processus décisionnel complexe? (in *Hitler*, Hachette, coll. « Pluriel », 1992, p. 482).

2. Le 25 octobre 1941, en présence de Heydrich et de Himmler : « Cette race criminelle a les deux millions de morts de la Première Guerre mondiale sur la conscience, et maintenant des centaines de milliers. Qu'on ne me dise pas que nous ne pouvons pas les envoyer dans les marécages. Qui s'occupe de nos hommes ? » (cité par Marlis Steinert, *op. cit.*, p. 488).

3. Le 26 juillet 1941, Hitler adresse de nouvelles directives de propagande : « Le peuple doit savoir que l'Allemagne combat à présent pour sa pure existence et que nous avons à choisir entre une liquidation absolue de la nation allemande et la domination du monde. »

Entre le 22 juin et le 15 août 1941, les *Einsatzgruppen* assassinent environ 50 000 personnes, soit 25 000 par mois. Mais de la mi-août à la mi-décembre 1941, leur bilan est de 450 000 exécutions, soit près de 110 000 par mois. Les Juifs « paient » l'échec de la guerre-éclair. On peut ainsi repérer deux tournants dans *les* décisions qui mènent au génocide : le premier, à la mi-août 1941, détermine l'assassinat de tous les *Juifs soviétiques*. Le second, probablement après le 20 septembre 1941, décide du massacre de tous les *Juifs européens*. De fait, c'est bien entre la mi-septembre et la mi-octobre 1941 que le piège se referme sur les Juifs d'Europe. Le 23 octobre 1941, l'émigration des Juifs est interdite pour tous les pays d'Europe (et pas seulement pour les Juifs du Reich). A la fin du même mois commence la construction du centre de mise à mort de Belzec en Pologne. Le 18 novembre 1941, Rosenberg reçoit la presse et lui déclare « confidentiellement » que la « question juive » passe par « l'extermination biologique de tous les Juifs en Europe ». Onze jours plus tard, Heydrich envoie les convocations pour la conférence de Wannsee prévue initialement le 9 décembre 1941[1].

Le destin du judaïsme européen a été scellé avec l'invasion de l'URSS. Le sort des armes allemandes dictait celui des Juifs d'Europe. Qu'il ait été défavorable, et il s'agissait alors, en mettant à mort le peuple juif, d'éviter le « coup de poignard » de 1918. Qu'il ait été favorable, et c'était là la possibilité d'en finir non seulement parce que les possibilités d'émigration étaient inexistantes mais surtout parce que le contrôle de la quasi-

1. Lors de son procès à Jérusalem, Eichmann déclare qu'il fut informé d'un ordre d'extermination des Juifs « deux ou trois mois après le 22 juin 1941 ». Convoqué par Heydrich, il s'entendit dire cette phrase : « Le Führer a ordonné l'extermination physique des Juifs. » Cette phrase, il me l'a dite. Et comme s'il voulait à présent contrôler l'effet de ses notes, il fit, tout à fait contrairement à son habitude, une longue pause. Je me le rappelle encore aujourd'hui » (in *Das Eichmann Protokoll,* Francfort, Ullstein, 1984).

totalité des Juifs d'Europe était l'occasion[1] de les éliminer définitivement.

De 1939 à 1941, la politique raciale allemande s'est radicalisée par bonds successifs. La guerre est le fil conducteur de cet empilement de décisions. Il faut dépasser la fausse opposition des *intentionnalistes* et des *fonctionnalistes* et tenir compte des apports et des faiblesses respectives des deux thèses. Les fonctionnalistes sous-estiment l'arrière-plan idéologique non seulement du nazisme, mais plus largement de cette nébuleuse intellectuelle forgée dans la deuxième moitié du XIXe siècle qui mêle idéologie *volkisch*, darwinisme social, eugénisme, antisémitisme « biologique » et racisme. Les intentionnalistes voient mal le processus dynamique qu'a été le génocide juif, et surtout perçoivent mal le rôle de la guerre comme facteur de rupture dans la politique nazie à l'endroit des Juifs.

V. — Le modèle du meurtre de masse : l'*« Aktion T4 »*

A la charnière des XIXe et XXe siècles, l'Europe a engendré une logique intellectuelle qui ravale une partie de l'humanité au rang de parasites. Cette évolution intellectuelle a constitué un terreau propice à la codification biologisante du rejet.

L'eugénisme, positif ou négatif, est habité par l'obsession de la décadence. La problématique qu'il met en œuvre est inséparable de la « question sociale » qui travaille les élites du deuxième XIXe siècle. Angoissé par les foules et les masses, l'eugénisme pense les classes en termes de race, il fait basculer le social dans

1. En mars 1942, Franz Rademacher, spécialiste de la « question juive » au ministère des Affaires étrangères du Reich, demande un assistant supplémentaire pour le service des « Affaires juives » du fait du surcroît de travail : « Plus la victoire allemande paraît imminente, plus la tâche du *Referat* devient importante et urgente ; il faut en effet que la question juive soit réglée avant la fin de la guerre ; c'est seulement ainsi qu'on parviendra à la résoudre sans provoquer des protestations dans le monde entier » (in *L'Allemagne nazie et le génocide juif, op. cit.*, p. 304).

le biologique. Le racisme et l'antisémitisme moderne, dit biologique, s'articulent à cette peur du déclin et de la dégénérescence par le métissage.

Ces travaux influencent directement le juriste allemand Binding et le psychiatre Hoche qui publient en 1920, à Leipzig, un ouvrage intitulé : *« Permettre de mettre fin aux vies qui ne valent pas la peine d'être vécues.* »[1] En 1922, un projet de loi sur la mise à mort des malades mentaux est publié dans une revue de droit pénal. Onze ans plus tard, les nazis sont au pouvoir : la législation qu'ils mettent en place cristallise ces attentes diffuses et homogénéise une pensée eugéniste disparate, mais bien vivace dans les milieux scientifiques allemands et médicaux au premier chef.

L'intérêt pour l'eugénisme plonge aussi ses racines dans le traumatisme de la défaite : l'élite, disait-on, avait été tuée, mais on avait protégé et soigné en revanche les « faibles » et les névrosés de guerre. Avant même l'arrivée des nazis au pouvoir, une logique d'élimination imprègne une partie de la société allemande. La seule opposition publique vient de l'Église catholique et a pour objet la politique de stérilisation[2].

A partir de 1933, un cinéma de propagande martèle cette idée : par *compassion*, il faut mettre fin aux vies « indignes d'être vécues ». La politique d'endoctrinement se poursuit par l'école[3]. A partir de 1934, les rations alimentaires sont progressivement diminuées dans les asiles mais Hitler confie à Wagner, chef des médecins du Reich, qu'il attend la guerre pour se débarrasser des « vies inutiles ».

A partir du mois d'août 1939, sages-femmes, médecins et infirmières doivent déclarer les enfants anormaux (circulaire du *ministère de l'Intérieur*)[4], lesquels sont rassemblés dans des groupements spéciaux et tués par injection de morphine-scopolamine, ou sous-alimentés. Le « traitement par la faim », introduit en Bavière en 1942 (ration quotidienne inférieure à 1 000 calories), doit conduire à la mort dans un délai de trois mois. Un mois plus tard, en septembre 1939, commence le *recensement* des malades mentaux.

1. *Die Freigabe der Vernichtung Lebensunwerten lebens. Ihr Mass und ihre form.*

2. En particulier avec l'encyclique *Casti Connubii.*

3. En 1935, le *Dorner,* un manuel de mathématiques d'usage courant destiné aux élèves des écoles primaires supérieures, posait le problème suivant : « La construction d'un asile d'aliénés exige six millions de marks. Combien de nouvelles habitations à 15 000 marks pourrait-on construire avec cette somme ? »

4. C'est nous qui soulignons.

L'« *Aktion T4* »[1] démarre en Pologne occupée en septembre 1939. La direction des asiles d'aliénés du pays est confiée à l'administration allemande de la Santé. Le 27 septembre 1939, les meurtres de malades par des SS commencent à l'asile de Kocborowo (Conradstein). En octobre 1939, débute la deuxième phase du massacre avec la mise à mort à Neustadt, en Prusse orientale, de malades mentaux venant de cette région et de Poméranie. Dans le « Gouvernement général », les opérations sont confiées au Dr Conti, chef de la Santé du Reich, qui donne ordre d'exterminer tous les malades mentaux internés dans les asiles de la Pologne occupée, soit par le gaz, soit plus tard par le « traitement par la faim ». Alors qu'ont lieu ces « expérimentations » en Pologne, le massacre des malades mentaux commence en Allemagne même. Trois médecins en sont chargés : les docteurs Brandt (médecin de la suite de Hitler), Bouhler, chef de la chancellerie du Führer, et Linden, spécialiste des malades mentaux au *ministère de l'Intérieur*[2].

En octobre 1939, Hitler rédige l'ordre (antidaté au 1er septembre 1939, premier jour de la guerre en Europe) accordant une « mort miséricordieuse » aux « incurables », malades mentaux et épileptiques[3]... Près de 350 médecins sont en rapport direct avec ce programme de mise à mort, mais aussi près de 200 maires et employés municipaux qui ont été avisés de ces opérations lors d'une réunion tenue à Berlin le 3 avril 1940.

Les opérations sont camouflées. Les responsables portent des noms d'emprunt, les lieux de mise à mort sont codés : il s'agit de six centres d'« euthanasie », répartis en Allemagne et en Autriche[4], où sont regroupés les « malades mentaux – handicapés profonds – psychopathes – vieillards grabataires – asociaux – porteurs de maladies congénitales et d'affections héréditaires ». Le monoxyde de carbone est livré par

1. Nom de code pour no 4 de Tiergartenstrasse à Berlin où est situé le centre opérationnel.
2. C'est nous qui soulignons.
3. La loi allemande n'a pas été modifiée pour ce faire.
4. Grafeneck (lettre de code, A), Brandeburg sur Havel (B), Hartheim (C), Sonnenstein (D), Hadamar (E) et Bernburg.

l'I. G. Farben. Un personnel spécial a été engagé et les membres des plus hautes juridictions du Reich sont totalement informées les 23 et 24 avril 1941 lors d'une réunion tenue à Berlin. Aucun juriste ne désapprouve les opérations et les quelques médecins qui refusent de participer à l' *« Aktion »* ne sont pas sanctionnés.

Les trois médecins-« experts » de l' *« Aktion T4 »* (dont la plupart n'ont pas de connaissances psychiatriques) doivent voir chaque malade et remplir pour chacun d'eux un formulaire. Ensuite de quoi, ils prennent ou non, la décision du « transfert » vers l'un des centres d' « euthanasie ». Entre janvier 1940 et août 1941, outre des milliers d'enfants[1], 71 000 adultes (selon les documents allemands) sont assassinés par ces équipes médicales, encadrées par la SS, dans des chambres à gaz maquillées en salles de douche. Les cadavres sont brûlés ensemble et leurs cendres mêlées sont remises aux familles qui en font la demande et auxquelles un avis de décès (pneumonie, arrêt cardiaque) a déjà été expédié.

Mais le secret d'État transpire, les protestations se font entendre en particulier celles de l'évêque de Münster, Mgr Galen, début août 1941[2]. C'est parce qu'il craint que se cristallise là une opposition dangereuse alors que commence la guerre essentielle contre l'URSS qu'Hitler renonce, officiellement, au programme « T4 » le 24 août 1941.

En réalité, le massacre continue sous le nom de code *« Selektion 14f13 »* dans les camps du Reich et plus encore dans les territoires occupés. Il entraîne l'assassi-

1. 5000 enfants environ ont été assassinés par le Comité du Reich pour les enfants, mais on ignore le bilan exact de l'«euthanasie sauvage» qui sévit partout jusqu'au printemps 1945 et, en particulier, le nombre d'enfants victimes du «traitement par la faim» (cf. Ernst Klee, *«Euthanasie» im NS-Staat. Die «Vernichtung lebensunwerten Lebens»,* Francfort, 1983).

2. C'est le 3 août 1941 que Mgr Galen prononce son troisième et dernier sermon, le plus dur, contre l'«euthanasie». A noter qu'au même moment, sans beaucoup de précautions de secret, les *Einsatzgruppen* fusillent par milliers des Juifs soviétiques.

nat de 30 000 détenus environ, malades, « improductifs », handicapés. Mais le meurtre des malades mentaux s'est fait plus discret. Jusqu'à la fin de la guerre, l'*« Aktion T4 »* continue à recenser les malades soignés dans les asiles d'aliénés, les institutions de l'Aide sociale et les maisons de retraite.

L'*« Aktion T4 »* est la matrice intellectuelle et technique du meurtre de masse. L'« euthanasie » et la « solution de la question juive » se succèdent chronologiquement : elles participent d'une même logique biologique. La mort par le gaz, en Pologne, dès septembre 1939[1], induit le procédé meurtrier en usage dans le *« T4 »* allemand (octobre 1939), puis dans l'assassinat de masse du peuple juif (décembre 1941). En retour, l'institution du ghetto (1940) et le « traitement par la faim » auquel il est soumis induit cette nouvelle forme du meurtre utilisée par l'*« Aktion T4 »* à l'encontre des enfants et des adultes. Au printemps 1942, l'État met à la disposition du général SS Globocnik, responsable de l'« opération Reinhardt » (cf. *infra*), le personnel technique de l'*« Aktion T4 »*, au premier rang duquel figure le capitaine SS Christian Wirth qui va devenir l'organisateur des centres de mise à mort de Treblinka, Sobibor et Belzec.

L'enfermement concentrationnaire et le génocide sont dans le droit fil d'une pensée totalitaire biologisante, celle d'un contrôle politique absolu de la vie. L'*« Aktion T4 »* marque criminellement l'avènement du bio-pouvoir. Le génocide juif, crime biologique et crime d'État, y trouve directement sa source.

1. Mais le lien est plus ancien encore : l'Allemagne est la première nation à tuer en masse par les armes de la chimie moderne, les gaz de combat asphyxiants, en 1915.

Chapitre IV

LA « SOLUTION FINALE »

I. — Un meurtre de masse planifié

1. **Organiser : la « Conférence » de Wannsee (Berlin), 20 janvier 1942.** — Le crime de masse doit être pensé, organisé, planifié. Tel est l'objet de la « Conférence » de Wannsee, prévue initialement le 9 décembre 1941 (alors que les assassinats par le gaz avaient commencé le 7 décembre à Chelmno), mais retardée du fait de l'entrée en guerre des États-Unis. En l'absence d'Himmler, la « conférence » est organisée pour l'essentiel par Heydrich et réunit une quinzaine de personnes dont Eichmann. Ses notes constituent le procès-verbal officiel de la rencontre. A Wannsee sont discutées les modalités techniques de l' « extermination » : recensements, arrestations, transferts, déportations, exécutions (« évacuations » en langage codé).

Les responsables nazis doivent innover. Le génocide des Arméniens perpétré par les Turcs est à leurs yeux l'anti-modèle même. Mais ils bénéficient toutefois de l'expérience accumulée depuis 1933 dans trois domaines jusque-là disjoints : l'émigration forcée après expropriation, l'internement (le système concentrationnaire mis au point à partir de mars 1933), le massacre enfin des « pensionnaires d'asile », commis pour l'essentiel entre 1939 et 1941. La « Solution finale » dont on parle à Wannsee va fondre ces trois programmes en un seul. C'est fort de l'expérience acquise depuis 1933 dans la politique du crime d'État que l'Allemagne hitlérienne met au point l'assassinat de tout un peuple dans des lieux conçus à ce seul effet.

Le protocole final de Wannsee, signé Heydrich, stipule : « L'émigration a désormais cédé la place à une autre possibilité de solution : l'évacuation des Juifs vers l'est, solution adoptée avec l'accord du Führer (...). La solution finale du problème juif en Europe devra être appliquée à environ 11 millions de personnes (...). Dans le cadre de la solution finale du problème, les Juifs doivent être transférés sous bonne escorte à l'Est et y être affectés au service du travail (...). Il va sans dire qu'une grande partie d'entre eux s'éliminera tout naturellement par son état de déficience physique. Le résidu qui subsisterait en fin de compte – et qu'il faut considérer comme la partie la plus résistante – devra être traité en conséquence. En effet, l'expérience de l'histoire a montré que, libérée, cette élite naturelle porte en germe les éléments d'une nouvelle renaissance juive. En vue de la généralisation pratique de la solution finale, l'Europe sera balayée d'ouest en est (...). »

La conférence prévoit de commencer les déportations de populations, en vue de leur destruction, par les territoires du Reich et du Protectorat, puis continuer par le « Gouvernement général », enfin « passer l'Europe au peigne fin » d'ouest en est[1]. Aucun organisme supplémentaire n'est mis sur pied, aucun budget spécial n'est débloqué : l'administration ordinaire, à commencer par celle des chemins de fer allemands, prend en main une affaire dans laquelle les communautés juives rançonnées et pillées sont les premiers bailleurs de fonds de leur propre assassinat. La machine du meurtre de masse s'est glissée dans les interstices de la bureaucratie ordinaire. La politique de l'assassinat de masse a compénétré la société allemande. Officiellement, le bureau chargé de la « question juive » n'est

1. La conférence évoque aussi les « cas spécifiques » des Juifs allemands âgés de plus de soixante-cinq ans et ayant participé à la Première Guerre mondiale, celui des « sang-mêlé » *(Mischlinge)*, celui des Juifs mariés à un conjoint « aryen », celui des Juifs, enfin, travaillant dans un secteur vital pour l'économie de guerre allemande.

qu'une sous-section des sept sections que compte le RSHA. En réalité, le « bureau juif », la section IV-B4, a pris rapidement une importance telle qu'il a occulté les autres branches de l'appareil répressif.

Deux autres conférences consacrées à la « Solution finale » ont encore lieu en mars[1] puis en octobre 1942.

2. **Planifier : recenser, spolier, arrêter.** — Le processus bureaucratique de destruction du peuple juif va passer par quatre étapes : désigner les victimes, confisquer leurs biens, restreindre leur liberté de mouvement, les déporter enfin.

Dans tous les territoires occupés de l'Ouest, à défaut de pouvoir constituer des ghettos comme à l'Est, les Allemands ordonnent le recensement des Juifs auprès des autorités locales. Cette première mesure est le préalable aux arrestations qui vont suivre puis aux regroupements dans des camps de transit en attendant, en 1942, les déportations vers les centres d'assassinat de masse.

Ainsi, aux Pays-Bas par exemple, le recensement des Juifs est-il ordonné en janvier 1941, le marquage des cartes d'identité en juillet tandis que le port de l'étoile jaune est imposé par les Allemands en mai 1942, avant d'être généralisé à l'Europe entière le mois suivant. Après quoi, arrestations et rafles remplissent les camps de transit de Vught, au sud, et surtout de Westerbork au nord. Un scénario quasi identique se déroule ailleurs, au Luxembourg, en Norvège, en Belgique où dès octobre 1940 est ordonné le recensement des Juifs.

Parallèlement au recensement et au fichage, les communautés juives et les particuliers doivent faire enregistrer leurs biens. C'est la première étape de la spoliation, baptisée « aryanisation ». Bientôt, des administrateurs aryens prennent en main les entreprises juives. Un plan fouillé est mis en place qui vise à exproprier les Juifs

1. Le 6 mars 1942, on se réunit au RSHA à Berlin pour régler des « détails pratiques » dont celui touchant à la stérilisation des « métis » *(Mischlinge)*.

pour rapatrier l'ensemble du butin vers l'Allemagne. En Pologne, le pillage de communautés nombreuses mais pauvres passe par l'exploitation du travail servile, c'est-à-dire le travail forcé pour lequel les *Judenräte* doivent établir les listes d'esclaves. A l'ouest, en revanche, où les communautés sont beaucoup moins nombreuses mais plus riches, le pillage c'est d'abord la spoliation des biens. Les Allemands pillent directement les biens juifs (ainsi en Belgique et aux Pays-Bas) mais ils préfèrent, quand ils le peuvent, user des intermédiaires locaux (gouvernement de Vichy, en France). Dans tous les territoires occupés, les biens spoliés sont mis sous séquestre, liquidés et « aryanisés » en attente d'être acheminés vers l'Allemagne.

La spoliation est toujours couverte par le droit : de nouvelles lois permettent de bloquer les comptes, de confisquer appartements et meubles, de saisir les entreprises, de frapper de nullité les dispositions testamentaires antérieures. En Allemagne, toute possession personnelle de plus de 100 reichmarks et de 50 kg de bagages est confisquée lors de la déportation. Ce vol se poursuit jusqu'au seuil des chambres à gaz : les effets personnels sont entassés dans ces entrepôts que les déportés appellent le « Canada », l'or extrait des dentures des cadavres sert, entre autres, à payer les frais de l'assassinat de masse, à commencer par les transports facturés par la Reichsbahn[1] qui consent un « tarif de groupe » à partir de 400 déportés.

3. **Déporter.** — Les déportations de masse commencent en 1942. Le RSHA et le ministère des transports (où n'opèrent que des fonctionnaires civils) organisent conjointement ces convois de déportés qui auront toujours priorité, jusqu'au début de 1945 encore, sur tout autre acheminement. Pour accélérer le mouvement, ces convois figurant sous la rubrique « trains spéciaux »

1. Le même service dit des « trains spéciaux » supervise les transports de vacances et les convois de déportés.

entrent parfois dans la catégorie « trains de forces armées » et sont enregistrés comme n'importe quel autre train. De l'automne 1941 au printemps 1945, en excluant le judaïsme polonais et le judaïsme soviétique (dont les pertes représentent deux tiers des victimes de la shoah), l'Allemagne organise 710 convois de déportation dont plus de 260 concernent des Juifs allemands, autrichiens et tchèques[1].

Entassés à 100 voire 120 dans des wagons de marchandises prévus pour quarante hommes au maximum, dans un espace hermétiquement clos, quasiment sans air, sans eau et presque sans nourriture, gelés l'hiver, suffocants l'été dans des wagons parfois immobilisés au soleil où la température monte jusqu'à 60 °C, le meurtre de masse a commencé avant l'arrivée en Pologne. C'est de toute l'Europe de l'Ouest (Belgique, Pays-Bas, France), du centre (le Reich d'où partent les premiers convois, la Tchécoslovaquie, la Yougoslavie, la Hongrie en particulier), du sud (la Grèce) que convergent ces convois vers les centres de mise à mort. Près de 3 millions de Juifs ont ainsi été convoyés lors de « voyages » qui durèrent de deux à douze jours.

Dans nombre de cas (ainsi à Varsovie), les déportations ont lieu dans des conditions abominables. *Hiwis*[2] et policiers entassent les victimes. L'un des gardes raconte : « Quand ça n'allait pas bien, ils se servaient de cravaches et de fusils. Le chargement était tout simplement effrayant. Ces pauvres gens faisaient un vacarme de tous les diables, car on chargeait 10 ou 20 wagons en même temps. (...) Une fois un wagon chargé, on fermait les portes et on les condamnait avec des clous. »[3] De

1. Cent un convois sont partis des Pays-Bas, 79 de France, 63 de Slovaquie, 26 de Belgique, etc.

2. Appelés parfois *Trawnikis* parce que entraînés dans ce camp SS (situé dans le «Gouvernement général», à l'est de Lublin), ce sont des prisonniers de guerre ukrainiens, lettons, lituaniens, farouchement antirusses, anticommunistes et antisémites, recrutés comme «volontaires» par la SS. D'où leur nom officiel de *Hilfswillige* ou *Hiwis*.

3. In *Des hommes ordinaires, op. cit.*, p. 128.

Lwow (Lemberg), ce 14 septembre 1942, un capitaine de police rédige un rapport relatif au « chargement » de près de 4 800 Juifs le 7 septembre précédent, dans des wagons où l'on a entassé de 180 à 200 personnes. Du fait de quelques évasions, les ouvertures sont obturées. Entre-temps, le 10 septembre 1942, le convoi s'est allongé et compte cette fois 8 205 personnes. « Due à la grande chaleur, au surchargement des wagons et à la puanteur des cadavres – au moment du déchargement, quelque 2 000 Juifs ont été trouvés morts dans le train – la panique croissante parmi les Juifs a rendu le transport presque impraticable. »[1]

A l'ouverture des wagons plombés, morts et mourants sont nombreux : c'est déjà la première « sélection ». Les portes ouvertes sur une rampe où courent des zombies rayés, où tombent des ordres hurlés, *« Alle heraus ! »,* « tous dehors ! ». Les triques, les chiens, la violence effrayante donnent l'impression d'être entrés dans un univers démentiel.

Épuisés, assoiffés, terrorisés, saisis par la rapidité extrême, comme le veut la SS, de ce qui se déroule sous leurs yeux, les déportés sont mis dans l'incapacité de réagir. En moins d'une heure, la rampe est vide, les familles sont disloquées, le monde normal est brisé. « Aucun d'eux, dans ses pires cauchemars, raconte[2] Filip Muller, rescapé du *sonderkommando* d'Auschwitz, n'aurait pu imaginer que dans trois ou quatre heures, il aurait été réduit en cendres. »

Un grand nombre de déportés épuisés, voire mourants sont conduits directement aux fosses où ils sont assassinés. Pour les « sélectionnés » au travail, la première nuit est une nuit blanche. Quelques-uns se pendent ou s'empoisonnent avec le cyanure qu'ils portaient sur eux.

1. *Ibid.,* p. 48-53.
2. *In* C. Lanzmann, *Shoah,* 1985.

II. — Les centres de mise à mort

1. **L'*« Aktion Reinhardt »*.** — Les tueries perpétrées par les *Einsatzgruppen* ne sont ni efficientes, ni sûres, ni généralisables à l'Europe entière. Il faut tuer en masse mais plus rapidement et plus discrètement, comme Himmler s'en persuade dès sa visite sur les lieux du massacre, en août 1941[1] : le « programme T4 » va servir de modèle. Dans cette optique, à l'automne de 1941, les Allemands mettent sur pied à Chelmno, près de Lodz, un centre de mise à mort par « camions à gaz ». Soixante à soixante-dix victimes peuvent être entassées dans chacun de ces véhicules construits par les firmes allemandes Diamond, Opel-Blitz et surtout Saurer. Après aménagement spécial en usine à la demande de la SS, le monoxyde de carbone du moteur Diesel est réintroduit dans le camion.

Regroupés des régions environnantes, les Juifs sont conduits dans des lieux relativement isolés sans l'être jamais totalement car des infrastructures essentielles restent nécessaires. Après le déshabillage, la mise de côté des objets précieux, et le rituel de la fausse salle de douche avant la « réinstallation » plus à l'Est (ou l'envoi au travail en Allemagne), les victimes doivent monter dans le camion où, sitôt les portes refermées, dans l'obscurité et dans la panique, l'angoisse, le désespoir et les cris[2], frappées de vertiges et de nausées, elles sont asphyxiées par le gaz du moteur, le camion restant le plus souvent à l'arrêt. L'assassinat accompli, le silence revenu, le camion démarre vers la forêt voisine où devant une fosse préparée à l'avance, un « commando juif du travail » ouvre les portes, décharge, entasse.

1. C'est après cette visite des 15 et 16 août 1941 qu'Himmler décide la fabrication de trois camions à gaz imités de l'*« Aktion T4 »*. Les premiers « essais » ont lieu les 16 et 18 septembre 1941 à Mohilev et à Minsk. Le 3 novembre 1941, de nouveaux « essais » sont réalisés sur des détenus dans le camp de Sachsenhausen.

2. « Les cris devenaient de plus en plus fous. Des cris terrifiants » (Mme Michelsohn *in* C. Lanzmann, *Shoah*).

Certains camions peuvent faire quatre ou cinq trajets par jour. Mais le procédé n'est pas encore satisfaisant : « ni l'alcool, ni les discours, ni les camions à gaz ne réussirent à soulager entièrement la conscience des bourreaux »[1].

Chelmno est le premier de ces centres de mise à mort. Il commence à « fonctionner » le 8 décembre 1941 et est quasi exclusivement[2] destiné au massacre des Juifs du *Warthegau,* des Juifs du Reich qui y avaient été déportés, ainsi que des Tziganes. Trois camions à gaz sont utilisés à cette fin. « J'observais les convois de Juifs, raconte après guerre Kruszczynski, l'un des résidents du bourg, la manière de les traiter était d'une cruauté sans exemple. Il était interdit de leur donner de l'eau. Les plus faibles ou ceux qui traînaient étaient battus à mort. (...) Après le passage des convois, la population locale trouvait sur la route de l'or, des objets précieux. »

Les victimes savaient qu'on les conduisait à la mort. Dans le camion, raconte un membre des *kommandos*, « certains étaient pris de vomissements, se vidaient d'excréments et d'urine » mais « certains demeuraient conscients assez longtemps pour assister à l'agonie des autres ». « Après l'ouverture des portes, un nuage de fumée s'échappait. Dès qu'il s'était dissipé, nous pouvions commencer notre sale travail. C'était épouvantable. On voyait qu'ils avaient eu une agonie atroce. Certains avaient encore les doigts pincés sur le nez. Il fallait arracher les morts les uns des autres. »[3]

Chelmno « fonctionne » de décembre 1941 à septembre 1942. La majorité des Juifs de Lodz y sont assassinés. En avril 1943, les SS démontent les installations de gazage et détruisent le château... pour rouvrir le centre de mise à mort en juin et juillet 1944, le temps

1. R. Hilberg, *La destruction des Juifs d'Europe,* Fayard 1988, p. 289.
2. Quelques Polonais et quelques prisonniers de guerre soviétiques furent aussi gazés à Chelmno.
3. Un membre du commando spécial des camions à gaz opérant en URSS, dans la région de Rostov (in *Pour eux...*, p. 68).

d'y liquider les derniers survivants du ghetto de Lodz. Les 17 et 18 janvier 1945, le camp est détruit par les Allemands et la corvée spéciale de détenus juifs est assassinée. Le nombre de victimes oscille autour de 225 000 personnes. Deux survivants seulement ont été retrouvés après la guerre.

Les camions à gaz de Chelmno sont la première manifestation de la volonté de destruction radicale du judaïsme polonais. Le nom de code de l'opération décidée à Wannsee est *« Aktion Reinhardt »*. Elle commence en mars 1942 et est confiée au général SS autrichien Odilo Globocknick dont l'adjoint est l'ancien responsable de l'*« Aktion T4 »*, le commandant SS Christian Wirth. Globocknik dispose de trois bataillons de police d'ordre (1500 hommes), d'effectifs puisés dans le Service spécial *(Sonderdienst)*, et surtout de supplétifs, les *Trawnikis* ou *Hiwis*.

L'« opération Reinhardt » met sur pied au printemps 1942 trois centres de mise à mort ou « camps d'extermination » : Belzec (mars 1942), Sobibor (mai 1942), Treblinka (juillet 1942). Là sont assassinés par gazages un peu plus d'un million et demi de personnes en dix-huit mois, quasi exclusivement des Juifs polonais[1]. L'*« Aktion Reinhardt »* commence par un premier assaut contre les Juifs de Lublin en mars-avril 1942, assassinés à Belzec. La tuerie reprend fin mai 1942 dans le district de Cracovie, tandis que le camp de Sobibor vient d'être ouvert. Dans le même temps, des Juifs d'Allemagne, d'Autriche, du Protectorat et de Slovaquie sont déportés vers les ghettos préalablement vidés de leurs habitants. Entre juillet et septembre 1942, le judaïsme de Varsovie est détruit (cf. *infra*), ainsi que celui des villes environnantes, mais aussi celui de Radom et de Kielce assassinés à Treblinka.

Plus d'un an plus tard, l'« opération Reinhardt » s'achève avec l'*Erntefest* (Fête de la moisson) au cours

1. 5/6 des Juifs polonais ont été déportés dans la seule année 1942.

de laquelle 42 000 Juifs, travailleurs des différents commandos, sont assassinés à la mitrailleuse entre le 3 et le 5 novembre 1943.

Près de 600 000 personnes sont assassinées à Belzec[1] en 1942 et 1943 : ce sont des Juifs d'Allemagne, du Protectorat, du « Gouvernement général » et des Tziganes. Trois chambres à gaz sont en place au début, six à la fin où sont tuées près de 5 000 personnes par jour. Au printemps 1943, les installations sont détruites et les traces effacées. En juillet 1943, l'Armée rouge, poursuivant son offensive, traverse le site sans en rien deviner.

Sobibor commence à « fonctionner » le 7 mai 1942. Le lieu est d'abord destiné à assassiner les Juifs de la région de Lublin, puis après novembre 1942, et jusqu'en octobre 1943, des Juifs des Pays-Bas, de France, de Belgique, de Slovaquie, du Protectorat, du Reich, puis de Vilna et de Minsk. Près de 250 000 Juifs ont été assassinés dans ces cinq chambres à gaz ainsi qu'un nombre indéterminé de prisonniers de guerre soviétiques. Le 14 octobre 1943, les 300 Juifs du *sonderkommando* (commando spécial chargé du fonctionnement des installations) se révoltent. Près de 200 évadés sont tués, une trentaine survit. Le camp est détruit après novembre 1943, et comme à Belzec les traces du massacre sont camouflées sous une plantation de pins.

Il y avait encore 380 000 Juifs dans le ghetto de Varsovie au début du mois de juillet 1942. Depuis le printemps, des bruits couraient selon lesquels les déportations étaient imminentes.

Le 22 juillet au matin, le commandement allemand arrête les membres du *Judenrat* et informe son président, Czerniakow, que « tous les Juifs seraient déportés à l'Est » sauf certaines catégories précises, dont les 6 000 membres de l'administration du conseil juif. Qu'ils partiraient au rythme de 5 à 7 000 par jour à partir de l'*Umschlagplatz*, cette gare aménagée à l'extrémité

1. Originellement un camp de travail.

du ghetto et où se forment les convois partant pour Treblinka, situé à 120 km au nord-est. A 16 heures, ce jour, précise le commandement allemand, 6 000 Juifs doivent se trouver au lieu dit. L'administration juive en est responsable sur sa tête. Le 23 juillet au soir, Czerniakow, qui refuse de signer l'affiche de déportation, se suicide. « On veut que je tue de mes propres mains les enfants de mon peuple », écrit-il dans son dernier message.

Les rafles et les déportations durent sept semaines au rythme de près de 7 000 personnes par jour. La population est accablée, dénutrie, terrorisée. La police juive, sur les ordres allemands, placarde des affiches promettant 3 kg de pain et 1 kg de confiture à qui se rendrait volontairement sur l'*Umschlagplatz*. Chaque policier juif doit livrer sept personnes par jour, s'il ne veut pas lui-même être « réinstallé ». Les enfants (dont les orphelins de Korczak), les vieillards, les sans-travail, c'est-à-dire l'immense majorité, sont pris. Quelques-uns (8 000) passent du côté « aryen », plus de 5 000 sont blessés par balles, plusieurs milliers sont tués sur place.

Au 12 septembre, ce que chacun pensait inconcevable a eu lieu : la déportation de près de 300 000 personnes à Treblinka où elles ont été immédiatement gazées. 70 000 Juifs vivent encore dans le ghetto dont la moitié clandestinement. Un mois plus tard, l'accord en vue d'une résistance est conclu entre les différentes organisations politiques du ghetto.

Ce qui se passe à Varsovie se répète partout en Pologne durant l'été 1942. Rafles et déportations[1] se succèdent dans un déchaînement de sauvagerie. A Otwock, à 20 km de Varsovie, ce 19 août 1942 : « La

1. A Otwock, près de Varsovie : « Des rues désertes, des appartements vides, des vitres brisées, des portes grandes ouvertes, des tranchées négligemment couvertes de sable d'où surgissaient parfois des os humains rongés par les chiens (...). Dans les appartements, il ne restait que des vieux livres juifs sacrés, tout le reste était devenu de la marchandise très convoitée (...). Quant aux *tefillin*, les cordonniers s'en servaient pour fabriquer les bottines » (*in* C. Perechodnik, *Suis-je un meurtrier ?*, L. Levi, 1995, p. 133).

première victime est la doctoresse Gliksmanova (...). Elle sort tranquillement dans la rue pour montrer aux Ukrainiens son certificat de dentiste (...). Elle tend le certificat avec un gentil sourire et reçoit une balle en pleine tête. Morte. »[1]

Les Juifs de Varsovie sont pour la plupart assassinés à Treblinka[2]. Commencé en mai 1942 et achevé le 22 juillet, le camp a été construit par des entreprises civiles allemandes avec la main-d'œuvre juive raflée dans le ghetto de Varsovie. Situé à proximité du village de Malkinia, sur la ligne ferroviaire Varsovie-Bialystock, c'est un « camp » exigu (200 m sur 250 m). Au bout d'un boyau en S de 3 m de largeur, ceint de branchages et de barbelés, un petit bâtiment en briques où sont installées les chambres à gaz, alimentées par un moteur Diesel et déguisées en salles de douche. Les cadavres sont d'abord enterrés dans des fosses de 7 m de profondeur puis brûlés à partir du printemps 1943. La garde du camp est assurée par une trentaine de SS allemands et par plus d'une centaine de *Trawniki*. Le « commando juif » qui assure le fonctionnement de cette usine de meurtres compte jusqu'à mille prisonniers. Ils sont régulièrement assassinés.

Le processus d'assassinat y est le même qu'à Belzec et Sobibor. Un train de 50 à 60 wagons (7 000 personnes) quitte Malkinia et s'arrête à la gare du village de Treblinka. Une vingtaine de wagons, avec sur les toits SS en armes, chiens, gardes ukrainiens et lettons, est poussée par la locomotive vers l'intérieur du camp : un officier SS l'attend qui prononce le discours rituel visant à calmer l'angoisse et à endormir la vigi-

1. Perechodnik poursuit : « Les Ukrainiens tirent de préférence sur les jeunes gens, sur les jolies filles, laissant "en paix" les vieillards, les infirmes, les paralytiques (...). Une autre jeune femme, en pleine santé, se fait déchiqueter par un Ukrainien. N'ayant plus de balles, il se saisit d'une pelle puis frappe entre les seins jusqu'à diviser le corps en deux » (in *Suis-je un meurtrier ?, op. cit.*, p. 68).

2. Qui était le siège, avant 1942, d'un camp de travail (Treblinka I).

lance[1]. Après le déshabillage, les victimes sont emmenées jusqu'à la « cour de déportation » au pas de course, sous les cris et les coups. L'artifice de l'accueil n'est alors plus nécessaire. Femmes et enfants d'un côté, hommes de l'autre, les victimes attendent là parfois deux ou trois jours. Les femmes sont dépouillées de leurs cheveux, et gazées en premier avec les enfants, les hommes attendant, nus, dans le boyau. L'agonie dure plus d'une demi-heure. Les corps sont ensuite emmenés pour être jetés dans les tranchées par le commando juif, chargé également de récupérer l'or et de nettoyer les chambres à gaz.

Nettoyés, les wagons repartent à Varsovie. Une autre équipe de prisonniers trie les vêtements et les autres biens volés. Elle est aussi chargée de détruire les papiers d'identité. A partir du printemps 1943, les fosses sont rouvertes et les corps sont brûlés, les os concassés jusqu'à en faire disparaître toute trace.

En un peu moins de seize mois, plus de 970 000 personnes sont assassinées à Treblinka, dont la majorité des Juifs de Varsovie. Le commando juif se révolte le 2 août 1943 : 750 prisonniers tentent de s'échapper, 70 y parviennent. Devant l'avance soviétique, les installations sont détruites fin 1943. Sur l'emplacement du camp, on construit une ferme confiée à un Ukrainien.

Ouvert en octobre 1941, le camp de Maïdanek près de Lublin devient à partir de mars 1942 un centre de mise à mort du peuple juif. 200 000 personnes y sont gazées[2]. A côté des lieux du massacre, d'autres déportés constituent un camp de travail (usines textiles, usine aéronautique Heinkel) dont les détenus sont assassinés lors de l'opération *Erntefest* (cf. *supra*) du mois de novembre 1943. L'Armée rouge parvient sur le site le 24 juillet 1944 et s'y saisit de nombreuses traces du massacre.

1. Il s'agit de se laver puis de manger, avant de repartir vers « l'Est » pour y travailler...
2. A l'oxyde de carbone et, plus tard, au gaz *Zyklon B*.

En prenant en compte les centres de mise à mort de Chelmno, Belzec, Sobibor, et Treblinka, et les massacres commis par les *Einsatzgruppen*, il faut noter que, pour l'essentiel, la shoah s'est déroulée hors du monde concentrationnaire.

2. **Auschwitz-Birkenau.** — Créé le 27 avril 1940 par décision de Himmler sur un site d'accès facile (ligne ferroviaire Cracovie-Katowice), dirigé à partir du 4 mai 1940 par Rudolf Höss (ancien commandant du camp de Sachsenhausen), le camp d'Auschwitz, près de la ville d'Oswiecim[1] en haute Silésie polonaise, à 50 km au sud-ouest de Cracovie, dans la zone annexée par l'Allemagne[2], s'étend rapidement pour devenir, à partir de 1942, le principal centre de l'assassinat de masse.

A l'été 1941 arrivent les premiers prisonniers de guerre soviétiques, puis au début de 1942 les premiers déportés juifs d'Europe occidentale. Himmler ordonne l'agrandissement du camp dès mars 1941 : Höss doit construire un camp pour 30 000 détenus politiques (et 100 000 prisonniers de guerre soviétiques) sur l'emplacement du village de Brzezinka (Birkenau germanisé) à 3 km du camp d'Auschwitz. Höss devra également fournir à l'IG. Farben 10 000 prisonniers pour y travailler dans une usine de caoutchouc et d'essence synthétiques. Parallèlement à l'édification du centre de mise à mort des Juifs, se construisent en effet à partir d'avril 1941, après accord entre la SS et *IG. Farbenindustrie,* les usines de la Buna *(Buna-Werke)* à 7 km d'Auschwitz. Les détenus sont parqués dans un camp spécial, filiale d'Auschwitz, sur le site de l'ancien village polonais de Monowice (Monowitz germanisé).

Le premier gazage au *Zyklon B* (cf. *infra*) sur des prisonniers de guerre soviétiques, classés auparavant

1. 10 000 habitants en 1939 dont 4 000 Juifs.

2. Cette zone entre dans le plan d'une germanisation intensive, d'où les travaux de grande ampleur qui y sont menés : drainage, construction de routes et d'immeubles.

« communistes fanatiques », a lieu à Birkenau en décembre 1941. C'est durant l'été 1942 qu'Himmler décide de faire d'Auschwitz-Birkenau le lieu majeur de la destruction des Juifs d'Europe occidentale et méridionale du fait, entre autres raisons, de la situation du réseau ferré européen. En 1943 et 1944, Auschwitz devient l'épicentre de la shoah. On compte alors trois camps principaux[1] et des dizaines de camps satellites. Après avoir inspecté les centres de mise à mort de l'*« Aktion Reinhardt »*, Höss veut industrialiser le meurtre de masse : il commande la construction d'« unités combinées » comprenant l'antichambre (salle de déshabillage), la chambre à gaz et le four destiné à détruire les cadavres. Il décide d'utiliser l'acide cyanhydrique à action rapide qui entre dans la composition d'un insecticide mis au point dans les années 20, le *Zyklon B*[2].

Sur la rampe de Birkenau, les sélections opérées sur le quai par des médecins allemands (anciens responsables de l'*« Aktion T4 »* comme Thilo) deviennent régulières à partir du 4 juillet 1942. 25 % des déportés, parfois beaucoup moins[3], sont envoyés « au travail ». Ils sont rasés et tatoués[4] d'un numéro matricule. Les

1. Auschwitz I, le « camp souche » resté lieu concentrationnaire, Auschwitz II-Birkenau devenu à partir de 1942 le lieu de l'extermination massive du peuple juif, puis Auschwitz III-Monowitz à quelques kilomètres de là, camp de travail forcé où opèrent de grandes entreprises allemandes (et leur personnel civil) à commencer par le trust chimique IG. Farben propriétaire de l'usine de caoutchouc synthétique Buna.

2. Le gaz est fabriqué par une filiale de la Degussa, la firme Degesch, et il est apporté, au fur et à mesure des besoins et des commandes de la SS, par une voiture à insigne de la Croix-Rouge. Me Servatius, défenseur d'Adolf Eichmann lors de son procès en 1961, déclarait : « Tuer est aussi un procédé médical. » Ce qui a été pris, à tort, pour un lapsus, témoigne de la dérive d'une médecine saisie par un pouvoir d'État criminel.

3. Certains convois sont entièrement détruits dès l'arrivée.

4. Ce tatouage sur l'avant-bras gauche, particularité du seul camp d'Auschwitz, est généralisé à partir de février 1943. Classement racial oblige, en sont dispensés les Allemands du Reich (prisonniers politiques) et les *Volksdeutsche* (c'est-à-dire les « Allemands ethniques »).

autres sont envoyés à la mort immédiate. La chaîne du meurtre conduit en quelques heures de la rampe de débarquement aux cendres du crématoire.

La construction des fours crématoires est décidée durant l'été 1942. Quatre « unités combinées » (chambre à gaz, antichambre de déshabillage et plusieurs fours) sont livrées par des entreprises civiles allemandes entre mars et juin 1943. A partir du mois de mai 1944, les trains pénètrent dans le camp à proximité des chambres à gaz. Après la « sélection », les biens volés sont triés, nettoyés et expédiés vers l'Allemagne. L'or (dents, bijoux, monnaies, objets) est fondu et va alimenter le Trésor allemand[1]. Les cheveux des femmes, coupés avant l'assassinat, sont récupérés et expédiés en Allemagne où ils servent à fabriquer des pantoufles pour les équipages de sous-marins.

« Ils commençaient à pousser des cris épouvantables, car maintenant ils savaient ce qui leur arrivait. Je n'ai pas regardé dans l'ouverture car l'orifice devait être immédiatement refermé dès que nous avions versé les granulés. Au bout de quelques minutes, c'était le silence. Nous attendions un certain temps, peut-être dix à quinze minutes, puis nous ouvrions la chambre à gaz (...). C'était un spectacle horrible. »[2]

Après l'asphyxie, un commando juif procède à l'arrachage de l'or dentaire sur des cadavres tuméfiés et raidis en un « bloc de basalte ». Les corps sont conduits par monte-charge électrique jusqu'aux crématoires, totale-

1. Le vol accompagne aussi tous les massacres commis par les *Einsatzgruppen*. Anton Heidborn, membre du commando opérant à Babi Yar, raconte : « Nous avons passé plusieurs jours à aplatir des billets de banque qui avaient appartenu aux Juifs exécutés. A mon avis, ces sommes s'élevaient à des millions. Je ne sais pas ce qu'on a fait de cet argent. Nous l'avons empaqueté dans des sacs et expédié » (in *Pour eux...*, *op. cit.*, p. 62). Les libérateurs trouvent dans les magasins d'Auschwitz plus d'un million de costumes d'hommes, de robes, et de manteaux de femmes. Sept tonnes de cheveux sont entreposées dans les salles de la tannerie.

2. *Ibid.*, p. 227.

ment débordés à l'été de 1944 alors que se poursuit la destruction de 450 000 Juifs hongrois. On assassine alors, chaque jour, 12 000 personnes à Auschwitz.

Auschwitz est un camp « mixte », à la fois camp de concentration et centre de mise à mort. Mais l'imbrication est étroite entre les deux fonctions. Sur plus de 400 000 détenus passés par Auschwitz et immatriculés (dont un tiers de femmes), plus de deux cent mille y meurent en quelques mois[1].

Les Juifs sélectionnés pour le travail sont en sursis. La déshumanisation programmée les attend qui commence par la faim, la soif, l'épuisement par le travail, les coups et l'assassinat selon l'arbitraire du jour, les « sélections » périodiques enfin qui, au vu du corps nu, décident de l'envoi à la chambre à gaz. La maladie, le typhus en particulier, scelle le même sort. Juifs et Tziganes[2], plus que tous les autres, sont soumis aux expériences médicales sur la « race », la gémellité, la tuberculose et le typhus qui leur sont inoculés, ils subissent la vivisection, et expérimentent sur leur corps le projet eugéniste de stérilisation massive des « races inférieures » : l'irradiation par fortes doses de rayons X des organes génitaux préfigure de nouvelles formes de destruction de masse.

Les firmes allemandes (Krupp, Siemens, IG. Farben) achètent à la SS, pour 4 à 6 marks par jour, des détenus dont l'espérance de vie ne dépasse pas quatre mois, voire moins (un mois dans les mines de charbon environnantes). L'« anéantissement par le travail » avait été décrété par Himmler en septembre 1942, mais l'ordonnance d'Oswald Pohl, chef du WVHA[3] en

1. En août 1944, l'ensemble concentrationnaire compte 135 000 détenus répartis dans les trois camps principaux et les commandos extérieurs. Ils sont gardés par un peu plus de 3 300 SS.

2. Dans la nuit du 2 août 1944, les 2 900 Tziganes du camp, maintenus dans un lieu séparé, sont assassinés ensemble, parfaitement conscients du sort qui les attend parce que présents depuis plusieurs mois à Auschwitz.

3. Office central d'administration économique de la SS.

avril 1942, disposait déjà que « la durée du travail ne comporte aucune limite ».

Des « sélections » périodiques déciment les rangs des détenus, en particulier puis exclusivement juifs à partir d'août 1943[1]. Primo Levi témoigne d'une de ces « sélections » opérées par un médecin SS : « Le *Blockältester* a fermé la porte de communication entre le *Tagesraum* et le dortoir et a ouvert les deux qui donnent sur l'extérieur, celle du *Tagesraum* et celle du dortoir. C'est là, entre les deux portes, que se tient l'arbitre de notre destin, en la personne d'un sous-officier des SS. A sa droite, il a le *Blockältester*, à sa gauche le fourrier de la baraque. Chacun de nous sort nu du *Tagesraum* dans l'air froid d'octobre, franchit au pas de course sous les yeux des trois hommes les quelques pas qui séparent les deux portes, remet sa fiche au SS et rentre par la porte du dortoir. Le SS, pendant la fraction de seconde qui s'écoule entre un passage et l'autre, décide du sort de chacun en nous jetant un coup d'œil de face et de dos, et passe la fiche à l'homme de droite ou à celui de gauche : ce qui signifie pour chacun de nous la vie ou la mort. Une baraque de deux cents hommes est "faite" en trois ou quatre minutes, et un camp entier de 12 000 hommes en un après-midi. »[2]

Du fait de la situation militaire, Himmler ordonne le 26 novembre 1944 le démantèlement de l'ensemble des installations du meurtre de masse. Sur plus de 1 300 000 personnes arrivées à Auschwitz entre 1940 et le début de 1945, plus de 1 100 000 ont péri. Parmi elles, un million de Juifs[3] assassinés entre février 1942

1. Pour des raisons liées à l'économie de guerre du Reich, l'Inspection des camps cherche à partir de 1943 à économiser la main-d'œuvre « aryenne ».
2. In *Si c'est un homme,* Éd. Presses-Pocket, p. 136.
3. A côté des victimes juives et polonaises, il faut compter 21 000 Tziganes assassinés, 15 000 prisonniers de guerre soviétiques et 13 000 déportés d'autres pays.

et novembre 1944. Ils venaient de toute l'Europe et en particulier de Pologne, de Hongrie, des Pays-Bas, de France et de Belgique, mais aussi des confins de Croatie, d'Italie, de Grèce, et de Norvège.

III. — La destruction systématique du peuple juif

1. **La destruction des communautés d'Europe centrale et balkanique.** — Après la Pologne, c'est en Roumanie et en Hongrie que se situaient avant guerre les plus fortes communautés juives d'Europe. Une législation antisémite est introduite en Roumanie dès 1937. Le maréchal Antonescu y prend le pouvoir en septembre 1940 en s'alliant à la Garde de Fer, les fascistes locaux. Dès lors, et jusqu'à la fin de janvier 1941, la terreur antisémite s'abat sur le pays. La rupture de l'alliance entre Antonescu et la Garde de Fer marque pour les Juifs roumains un répit d'autant que le maréchal, par souci de conserver une autonomie politique, s'oppose aux plans allemands.

Entré en guerre aux côtés de l'Allemagne en avril 1941, le régime bulgare adopte des mesures antijuives immédiatement impopulaires. La population et l'Église orthodoxe expriment leur soutien aux persécutés. A partir de l'automne 1943, malgré les pressions allemandes[1], les pouvoirs publics font marche arrière et en août 1944 le gouvernement finit même par abolir toute mesure discriminatoire. La Bulgarie illustre le cas d'une nation (il est vrai, alliée du Reich) où le refus d'une population a poussé le gouvernement sur la même voie.

Vainqueurs de la Grèce en 1941, les Allemands y détruisent la plus grande partie de la communauté juive[2] à partir de 1943, avec l'aide de pronazis notoires. Les déportations se poursuivent jusqu'en 1944, des îles les plus éloignées même (Corfou et surtout Rhodes). La Yougoslavie s'est tenue à l'écart de toute législation discriminatoire avant la guerre. Mais le pays est écrasé par l'Axe en avril 1941. En Serbie et en Bosnie-Herzégovine, le massacre des Juifs est d'abord l'œuvre des Allemands, en particulier de l'armée régulière aidée pour ce faire par la SS : les collabora-

1. En mars 1943, l'officier SS Dannecker, autrefois en poste à Paris, se rend sur place. Il organise la déportation des Juifs de Thrace et de Macédoine rattachées à la Bulgarie, mais il échoue dans celle des Juifs bulgares.

2. A commencer par la plus importante, celle de Salonique (55 000 personnes).

teurs locaux sont peu nombreux. Les victimes juives périssent sur place, souvent dans les premiers camions à gaz. Il en va autrement dans la Croatie pseudo-indépendante où les nationalistes locaux, les *Oustachis*, massacrent eux-mêmes près de 80 % de la communauté juive dans des conditions de cruauté abominables. En Bosnie-Herzégovine occupée par les Croates, la majorité des Juifs connaît le même sort des mains des *Oustachis* entre novembre 1941 et août 1942. Au terme de la guerre, 60 000 Juifs yougoslaves auront été assassinés.

Les accords de Munich en 1938 et le démembrement de leur pays en 1939 ont entraîné un flot de départs des Juifs tchécoslovaques. En mars 1939, la Tchéquie est avalée par le Reich, et la Slovaquie, rurale, arriérée et de tradition antisémite reçoit des mains allemandes une pseudo-indépendance. Les 90 000 Juifs de Bohême encore présents dans le pays en octobre 1939 sont assassinés du fait des seuls Allemands. Il en reste moins de 9 000 en 1943. En Slovaquie, le gouvernement met en place, dès 1939, une politique d'« aryanisation et de spoliation calquée sur les lois allemandes. Entre mars et juin 1942, SS, gendarmes slovaques et milices mercenaires *Hlinka* déportent près de 57 000 Juifs. Mais en octobre 1942, le gouvernement slovaque fait brutalement machine arrière : il dispose alors d'une information très précise sur le destin des déportés. Toutefois, le soulèvement national d'août 1944 entraîne l'intervention directe du Reich et la reprise, jusqu'en mars 1945, des massacres et des déportations.

Les 800 000 Juifs hongrois étaient confrontés avant guerre à une violente tradition antisémite. Dès 1938, la Hongrie adopte une législation discriminatoire. Toutefois, le « modéré » Kallay arrivé au pouvoir en mars 1942 refuse les déportations en faisant valoir aux yeux des Allemands l'importance des Juifs dans une économie alliée à l'effort de guerre du Reich. Au pouvoir jusqu'en mars 1944, Kallay, à l'instar des Roumains, a pour souci premier d'affirmer l'indépendance nationale face à l'allié allemand.

Craignant un renversement d'alliances, les Allemands envahissent la Hongrie le 19 mars 1944. Pour les Juifs hongrois confrontés aux nazis, à une population violemment antisémite et aux collaborateurs locaux, les fascistes des Croix fléchées, cette invasion sonne le glas. Eichmann est envoyé à Budapest : en sept semaines, du 15 mai au 7 juillet 1944, il organise la déportation de près de 450 000 Juifs hongrois vers Auschwitz, épargnant dans l'immédiat la communauté de Budapest. L'immense majorité de la population approuve ces mesures et dénonce les Juifs qui se cachent. Les protestations sont peu nombreuses. En juillet 1944, la communauté juive hongroise est démantelée.

L'amiral Horthy, toujours chef de l'État, refuse pourtant la déportation des Juifs de Budapest. Il est vrai que le contexte a changé : le 6 juin 1944, les Alliés débarquent en Normandie et ce même mois de juin, l'Armée rouge en lançant son offensive sur le sud-est s'approche de l'Europe centrale. Himmler cherche alors à temporiser : il laisse intervenir la Suède et la Suisse qui accordent des passeports (la Suède en particulier grâce au travail de sauvetage réalisé par son consul à Budapest, Raoul Wallenberg). Il accepte d'étudier, à l'insu de Hitler[1], une proposition de l'*American War Refugee Board* : échanger des fournitures américaines (camions et médicaments) contre des otages. Pour ce faire, il suspend la déportation des Juifs de Budapest, mais du fait du refus des Alliés de poursuivre ces négociations, les déportations reprennent et s'intensifient même après le 15 octobre 1944. A cette date en effet, Horthy, pressentant la défaite certaine de l'Axe, change de cap. Les Allemands le prennent de vitesse, s'emparent du pouvoir à Budapest en s'appuyant sur les Croix fléchées. Pour les 70 000 Juifs de Budapest, livrés à la furie de la population, des nervis fascistes et des SS, l'agonie commence.

2. **La destruction des communautés d'Europe occidentale.** — L'Europe occidentale devait être la troisième des priorités dans la politique de destruction des Juifs d'Europe, après le Reich lui-même et le Protectorat. Les communautés juives d'Europe occidentale (Norvège, Danemark, Pays-Bas, Belgique, France, Luxembourg, Italie) comptaient un peu plus de 550 000 personnes en 1939.

Les déportations commencent par les communautés d'Allemagne et d'Autriche comme la « conférence » de Wannsee l'avait décidé. La moitié des Juifs allemands avaient quitté le Reich avant septembre 1939, une proportion plus importante encore de Juifs autrichiens avaient quitté leur patrie entre l'*Anschluss* (mars 1938) et le mois d'octobre 1941. Ceux qui restent sont raflés à partir de novembre 1941 et déportés à l'Est, à Teresienstadt (Terezin), vers les ghettos de Lodz, de Riga et de Minsk. Ils y sont assassinés par les *Einsatzgruppen* (Riga et Minsk) ou déportés à Auschwitz.

En 1942, le RSHA, sous la direction de Eichmann, envoie un représentant dans chacun des trois pays occidentaux comptant une forte communauté : France, Pays-Bas et Belgique. Les Allemands tentent d'y mettre en place l'équivalent des conseils juifs[2] de l'Est. Il s'agit, ici comme ailleurs, de faire prendre en charge la

1. Qui l'apprend finalement et, furieux, exclut Himmler et Göring du NSDAP.
2. Le premier l'est aux Pays-Bas en février 1941.

persécution par les victimes elles-mêmes d'autant que les effectifs civils allemands sont modestes : pas plus de 3 000 personnes pour la France occupée, un chiffre équivalent pour les Pays-Bas. Mais les communautés occidentales sont dispersées, assimilées à la culture ambiante, intégrées à la population. Elles ne sont pas confrontées à l'antisémitisme massif qui prévaut en Hongrie et en Pologne.

Le 22 juin 1942, Eichmann informe le ministère des Affaires étrangères allemand du projet de déportation massive des Juifs de l'ouest de l'Europe. Il s'agit dans un premier temps de 100 000 Juifs de France, de 40 000 Juifs des Pays-Bas et de 10 000 Juifs de Belgique[1]. Eichmann demande d'abord la déportation des Juifs étrangers, nombreux en Belgique (plus de 90 %) et en France (près de 50 %), en comptant sur la participation des autorités locales. Laquelle est avérée en France (cf. *infra*) et aux Pays-Bas où la police a collaboré aux arrestations, nettement moins en Belgique où les officiers municipaux s'opposent à la persécution, en particulier après l'ordonnance sur le port de l'étoile jaune (juin 1942)[2].

En Norvège, les déportations commencent en novembre 1942. Avec l'accord du premier ministre Quisling, 760 Juifs sont déportés vers Auschwitz, tandis que 900 se réfugient vers la Suède qui avait maintenu ouverte sa frontière. Ailleurs, au Danemark et en Italie, la persécution ouverte commence en 1943. En août 1943, les relations entre le Danemark occupé et l'Allemagne se tendant à nouveau, la « question juive » repasse au premier plan. Best, le représentant allemand, décide la déportation par mer depuis Copenhague. Après l'arrestation de 475 Juifs, le refus du roi Christian IX, du clergé et de la majorité de la population parvient à soustraire la petite communauté juive à la déportation[3] en la transbordant dans la première semaine d'octobre 1943, en quelques jours, vers les côtes de Suède distantes de 7 à 20 km[4].

En Italie, c'est après la chute du *Duce* en juillet 1943 et l'invasion allemande en septembre que commence vraiment la violence antijuive. D'abord contre les Juifs de Rome en octobre 1943, puis contre ceux du pays tout entier à partir du mois de novembre. Début décembre 1943, les premiers convois de dépor-

1. En 1940, on compte environ 2 000 Juifs en Norvège, 8 000 au Danemark et près de 50 000 en Italie.

2. Partout les milieux collaborationnistes apportèrent leur soutien à la persécution : le PPF de Doriot en France, les Rexistes et les bandes flamingantes en Belgique, le mouvement national-socialiste d'Anton Mussert aux Pays-Bas, le *Nasjonal Samling* de Quisling en Norvège.

3. Près de 500 Juifs danois ont toutefois été déportés vers Terezin.

4. Sauf exceptions, les Juifs de Finlande ne furent pas inquiétés.

tation, organisés pour l'essentiel par les seuls Allemands, partent vers Auschwitz.

Les derniers grands convois de déportés juifs quittent l'Europe occidentale durant l'été 1944 : de France le 31 juillet 1944, le même jour également de Belgique, et le 3 septembre 1944 des Pays-Bas. D'Italie, les déportations continuent encore durant l'automne 1944, voire l'hiver 1945 puisqu'un dernier convoi quitte Trieste pour Bergen-Belsen le 24 février 1945.

Près de 230 000 Juifs d'Europe occidentale ont péri (cf. carte). Les Pays-Bas ont connu les pertes les plus lourdes (75 % de la communauté) tandis que la France a perdu le quart de la sienne. Ces disparités ne tiennent pas à la seule solidarité des populations environnantes (ainsi des Pays-Bas où la population sut souvent se montrer solidaire et où le pourcentage des pertes fut pourtant énorme), mais à la géographie et à des facteurs historiques plus probants tels l'ancienneté de l'assimilation et le consensus politique qui la sous-tend.

3. **La France.** — De sa propre initiative, le régime de Vichy inaugure une politique antisémite d'État, partie prenante d'une révolution nationale qui marque le retour inattendu au pouvoir du camp des contre-Lumières. Entre le 3 et le 8 octobre 1940, l'État français du maréchal Pétain promulgue plusieurs lois « portant statut des Juifs » (Statut des israélites français, la loi sur les Juifs étrangers, abrogation du décret Crémieux).

L'antisémitisme catholique et national de Vichy se dote en mars 1941 d'un outil administratif, le Commissariat général aux Questions juives à la tête duquel est nommé Xavier Vallat. Trois mois plus tard, Vichy promulgue un deuxième Statut des Juifs plus sévère que celui d'octobre 1940 et étend le recensement en zone sud en même temps qu'il organise, à partir de juillet 1941, l' « aryanisation » des biens juifs. C'est sur ce terrain d'un antisémitisme d'État qui brise avec un siècle et demi d'émancipation, que la politique allemande trouve à s'exercer. C'est d'abord pour interner les Juifs étrangers en vue de les livrer aux Allemands qu'est ouvert, en août 1941, le camp de Drancy dans la banlieue nord de Paris. Par l'entremise de Vichy, la puissance occupante met sur pied, en novembre 1941, l'Union générale des Israélites de France à laquelle doivent obligatoirement s'affilier tous les Juifs de France avant de devoir, à partir de 1943, lui verser une contribution personnelle.

Le 27 mars 1942, les Allemands organisent le départ du premier convoi juif de déportation. Le 2 juillet 1942, Bousquet, Secrétaire général du ministère de l'Intérieur pour la police, signe avec les autorités d'occupation des accords de coopération policière qui mettent la police française au service de la répression antijuive. Ces volontés conjuguées rendent compte des rafles de Juifs étrangers dans la région parisienne les 16 et 17 juillet 1942 (rafle dite du Vel d'Hiv) et en zone sud (26 août 1942), opérées par la seule police française. Cas unique en Europe : des Juifs sont arrêtés dans une zone non occupée par l'Allemagne, puis remis à celle-ci via la ligne de démarcation.

La traque des Juifs s'intensifie en 1943 et en 1944. La « communauté juive » de France a alors totalement éclaté. Les Juifs étrangers et apatrides, derniers arrivés et plus pauvres d'entre tous, sont les principales victimes de la persécution. En 1944, deux tiers des Juifs vivent dans la clandestinité, aidés par la population locale ou l'Église, par les réseaux d'assistance, juifs ou non, intégrés à la résistance, juive ou non, et bénéficiant parfois de lieux d'asile exemplaires, telle la zone d'occupation italienne entre novembre 1942 et septembre 1943.

L'impossibilité de créer en France des ghettos, un siècle et demi d'intégration et d'émancipation, la dispersion des Juifs et l'aide fréquente du milieu environnant, le rôle de la géographie enfin expliquent que le bilan n'ait pas été plus lourd.

IV. — Faire disparaître les traces

Dans un premier temps les cadavres ont été enterrés dans de gigantesques fosses communes. La crainte de leur découverte s'amplifie pour l'Allemagne au fur et à mesure que s'éloigne la perspective d'une victoire rapide. Mais l'ampleur du crime est en même temps le plus sûr allié de sa négation et chacun a conscience qu'à l'avenir la tentation sera possible, sinon probable, de mettre en doute la réalité des massacres[1].

Himmler met sur pied, en juin 1942, le commando secret « 1005 » (commandé par le colonel SS Paul Blobel, le responsable de Babi Yar) qui a pour tâche de

1. Accompagné des généraux Patton et Bradley, Eisenhower inspecte le 12 avril 1945 le camp d'Ohrdruf, *kommando* dépendant du camp de concentration de Buchenwald, et libéré par l'armée américaine le 6 avril précédent. Il écrit en 1946 : « J'ai inspecté les moindres recoins du camp car j'estimais qu'il était de mon devoir d'être en mesure, à l'avenir, de témoigner de mes propres expériences sur ces événements, au cas où se développerait un jour dans nos pays une croyance ou une supposition selon laquelle les histoires concernant les brutalités nazies n'étaient que de la propagande » (*in* D. Eisenhower, *Eisenhower's Own Story on the War*, Arco, 1946).

rouvrir les fosses des tueries de 1941 et 1942 d'en extraire les cadavres, de les brûler, d'en faire disparaître les traces (jusqu'au concassage des os les plus durs et au déversement des cendres dans les rivières ou à leur utilisation comme engrais phosphatés, comme isolant thermique, comme revêtement de sentier raconte Primo Levi pour Birkenau), de combler les fosses et de planter partout prairies ou arbustes. A l'automne 1942, les corps entassés dans les fosses avoisinant Sobibor et Belzec sont retirés et brûlés. Puis c'est le tour de Treblinka en 1943. A Auschwitz, les corps sont brûlés à l'air libre avant la construction des crématoires : « (...) Lorsque le feu avait vraiment pris, on y jetait les autres cadavres. La graisse qui se déposait dans le fond de la fosse était récupérée avec des seaux que l'on versait sur le feu pour accélérer le processus de combustion. Par vent d'ouest, la puanteur des corps parvenait jusqu'au camp. »[1] A partir de la fin de 1943, Birkenau et ses crématoires qui peuvent brûler 8 000 corps par vingt-quatre heures assument durant une année entière l'essentiel de la destruction des Juifs d'Europe. La « Solution finale de la question juive », et l'expression à elle seule est éloquente, s'est voulue de bout en bout une opération « secret d'État ». C'est pourquoi le langage utilisé par les bureaucrates de l'assassinat a été travesti et camouflé. Mais ce secret tient aussi à la protection de la conscience : le refoulement de l'horreur oblige à maquiller le vocabulaire. Les meurtriers ont encore besoin d'euphémiser le crime. Les mots « morts », « gazages », « fusillades », « extermination » ne figurent qu'exceptionnellement dans les documents internes. Ce langage masqué a ainsi une double fonction, externe (empêcher la diffusion d'un secret d'État), et interne (l'autoprotection psychologique). Le gazage est dit « traitement spécial » *(Sonderbehandlung)*, les chambres à gaz sont dénom-

1. Höss, commandant d'Auschwitz, in *Pour eux..., op. cit.*, p. 243.

mées « installations spéciales » *(Spezialeinrichtungen)*, la liquidation se dit « évacuation » ou « réinstallation à l'Est ». Les forçats juifs rouvrant les fosses n'ont pas le droit de dire « cadavres » ou « victimes ». Ils doivent parler de « chiffons », de « marionnettes », de « bouts de bois ». Les exécutions en masse perpétrées par les *Einsatzgruppen*, et qui valent à leurs responsables promotions et décorations, sont désignées sous l'appellation « accomplissement d'une mission spéciale de guerre ». L'expression « traitement spécial » ne leurrant plus grand monde, Himmler demande en avril 1943 qu'on utilise désormais le terme « écluser », etc.

Les assassins comme leurs victimes ont prévu la future négation du crime. Shloyme Frank note dans son Journal à la date du 9 août 1942 : « Lorsqu'un jour la guerre prendra fin (...), il se trouvera certainement des gens pour dire à ce moment-là : “Il (le rescapé juif) n'a pas pu voir tout cela car le simple fait d'assister à de pareilles souffrances aurait suffi à faire perdre la raison.” En outre, ils ne croiront pas que de pareilles choses aient pu se produire au cœur de la culture européenne[1]... »

Devant l'arrivée des troupes soviétiques, les Allemands évacuent à la hâte les principaux sites concentrationnaires, au premier rang desquels le camp d'Auschwitz. Dès le mois de juillet 1944 déjà, la destruction des documents avait commencé. Mais en même temps que la défaite allemande se précise, la volonté génocidaire s'amplifie faisant de la « question juive » la question prioritaire d'une puissance acculée à la retraite.

Le 25 août 1944, le dernier transport de Juifs pour Auschwitz quitte Lodz. Début novembre 1944, Eichmann ordonne la déportation de 20 000 Juifs de Budapest vers l'Autriche d'où ils sont envoyés dans

1. In *Le Monde juif*, n° 154, mai 1995, p. 71.

différents camps. En février 1945 encore, un dernier convoi de juifs quitte Trieste, et les derniers Juifs slovaques sont envoyés à Theresienstadt. Mais la puissance allemande est partout battue en brèche. Le 17 janvier 1945, l'Armée rouge entre dans Varsovie, deux jours plus tard elle fait son entrée à Lodz où il reste 900 survivants juifs.

Le 17 janvier 1945 a lieu, à Auschwitz, le dernier appel. Les 18 et 19 janvier, 58 000 prisonniers (sur 67 000) quittent le camp par un temps glacial, et à pied. Entre le 20 et le 27 janvier, la SS fait disparaître, avec l'aide des firmes civiles, un grand nombre de traces du crime à commencer par nombre d'archives. Elle détruit les crématoires[1] dont le dernier saute le 27 janvier à 1 heure du matin. Dans l'après-midi du même jour les unités soviétiques entrent dans Auschwitz et Birkenau où elles trouvent 7 000 détenus dans un état pitoyable.

Les autres avaient entamé une marche d'épouvante dans le froid et la terreur : à pied, ou sur des plates-formes découvertes, gelés, sans nourriture ni eau, abattus au moindre signe de faiblesse. Pour se débarrasser du convoi, certains SS, avec l'aide de détenus allemands parfois, mitraillent leurs prisonniers. Les survivants sont amenés au bout de plusieurs semaines dans les camps de concentration situés plus à l'ouest, Dachau, Buchenwald, Ravensbrück, Mauthausen, Gross Rosen et Bergen-Belsen.

L'acharnement prévaut dans les derniers jours du Reich : il ne faut pas que les Alliés s'emparent des traces encore vivantes du crime de masse, mais il faut aussi comme Hitler le martèle dans ces dernières semaines de

1. Les crématoires II et III avaient été démantelés en décembre 1944 et janvier 1945. Cette destruction reste inachevée du fait de l'avance de l'Armée rouge. Les carcasses bétonnées sont dynamitées le 20 janvier, le crématoire V est détruit à l'explosif le 22 janvier. Le lendemain, les Allemands incendient le dépôt des objets volés dénommé par les détenus le « Canada ».

l'hiver 1945, que la « catastrophe allemande » sonne le glas du peuple juif. Sur les 4 000 Juifs hongrois embarqués dans la « marche de la mort » qui les conduit d'Auschwitz à Mauthausen puis Ebensee (Autriche), camp satellite de Mauthausen, il reste 300 survivants le 5 mai 1945 lors de la libération par l'armée américaine. Acharnement encore, fin avril 1945, à Gardelegen où des centaines de déportés juifs, enfermés dans une grange, y sont brûlés vifs par les jeunesses hitlériennes locales.

Au total, entre 250 000 et 350 000 déportés (dont plus d'une moitié sont juifs) meurent dans ces « marches », dans ces « évacuations » et dans l'entassement de camps surpeuplés. Les libérations y sont chaotiques, désordonnées, les décès sont encore très nombreux après la libération (qui est davantage, en fait, une liquidation des camps), vu l'état sanitaire déplorable et l'extrême faiblesse d'un grand nombre de survivants. L'armée britannique libère Bergen-Belsen, mais par crainte du typhus, elle met le camp en quarantaine : sur 25 000 prisonniers hospitalisés, 13 000 succombent dans les semaines qui suivent cette libération.

Chapitre V

RÉSISTER DANS LE SILENCE DES NATIONS

1. Le silence du monde : qui savait quoi ?

La mort programmée d'un peuple entier est un savoir quasi-impossible à intégrer. Il faut, de surcroît, dépasser l'aspect « rumeur » d'une information qui ne pouvait qu'évoquer les mensonges diffusés par les propagandes (alliées en particulier) durant la Première Guerre mondiale. L'énormité du crime en a laissé plus d'un perplexe, hésitant et oscillant du doute au désarroi, du désarroi à la certitude enfin. Mais pour y parvenir il y fallut du temps, alors que le processus du meurtre de masse fut, lui, extrêmement rapide.

En haut lieu, l'information a été beaucoup plus diffusée qu'on ne l'a longtemps cru. La connaissance des massacres de masse est quasi concomitante de leur exécution. Ainsi, en interceptant et en décodant les télégrammes allemands, les Britanniques savent très tôt à quoi s'en tenir. Mais ils retiennent par-devers eux ces informations capitales, antérieures d'une année au moins au « télégramme Riegner ». Ainsi, par exemple, le 17 août 1941 interceptent-ils ce message du général SS von dem Bach-Zelewski adressé à Berlin : « ... le nombre total d'exécutions sur le territoire qui relève de (ma) juridiction dépasse maintenant les 30 000. »[1] Il en va de même du côté du gouvernement de Vichy où l'ambassadeur de France en Roumanie, Jacques Truelle, adresse le 10 novembre 1941 au chef du gouvernement français un long rapport où l'on peut lire, *in fine* : « Jusqu'à présent, et même à Jassy l'été dernier, on pouvait croire que les persécutions étaient dues à des initiatives de quelques militaires isolés ou de

1. Cf. Richard Breitman et Walter Laqueur, *Breaking the silence,* New York, 1986.

tyranneaux locaux. Aujourd'hui, il n'y a plus de doute qu'on est en présence d'un plan systématique d'extermination conçu depuis déjà quelque temps. »[1]

1. **Dans le monde juif.** — A l'Est, fin 1941, l'information sourd de toutes parts et plus encore à partir du 8 décembre 1941. Mais une information de ce type prend la forme d'une rumeur et, même maintes fois répétée, elle a du mal à devenir connaissance[2]. De plus, l'Allemagne cherche à brouiller les pistes : de nombreux déportés sont contraints d'écrire des messages stéréotypés et non datés à leurs proches, faisant état d'une situation excellente. Ces cartes sont envoyées échelonnées au fil des mois, voire des années.

En 1942, les communautés juives de Pologne connaissent le destin promis par les Allemands même si, pour des raisons d'évidence, cette connaissance n'est pas un savoir intériorisé et maîtrisé. « Ceux qui annoncent ces nouvelles (*i.e.* les massacres perpétrés dans les petites bourgades) racontent que l'on extermine tous les Juifs. On nettoie toutes les bourgades. La majorité des Juifs sont abattus sur place et une petite partie d'entre eux sont refoulés vers les camps de travail. »[3]

En 1942, les appels au secours des communautés juives de l'Est se multiplient et parviennent aux responsables du Congrès juif mondial en Suisse, aux relais juifs à Istanbul et de là dans le *Yishouv*, aux responsables juifs américains enfin. Mais la prise de conscience, progressive en 1942, assurée en 1943, est toujours en retard sur l'événement. Lorsque les responsables juifs américains parlent, fin 1942, d'un million de victimes, plus de 3 millions de personnes ont déjà été assassinées.

1. Cité in *Le Monde juif,* n° 146, janvier 1993, p. 28-29.

2. « Il aurait fallu être habité par le diable pour deviner la suite des événements », écrit Perechodnik *(op. cit.)* en 1943.

3. Shloyme Frank, Journal du ghetto de Lodz, 24 juillet 1942, in *Le Monde juif,* n° 154, mai 1995.

La pièce maîtresse de l'information *diffusée* est le télégramme que Gerhardt Riegner, représentant du Congrès juif mondial en Suisse, envoie en août 1942 au Foreign Office à Londres et au rabbin Stephen Wise, président du Congrès juif mondial à Washington. Lui-même a été informé par un industriel allemand, Edouard Schulte, rencontré à Zurich fin juillet 1942. La « Solution finale » bat alors son plein d'un bout à l'autre de l'Europe : la rafle du « Vel d'Hiv » à Paris (16 et 17 juillet 1942) est quasi concomittante des premières déportations du ghetto de Varsovie (22 juillet 1942).

Riegner câble : « Reçu nouvelle alarmante qu'au quartier général du Führer discussion et examen d'un plan selon lequel après déportation et concentration à l'Est tous les Juifs des pays occupés ou contrôlés par l'Allemagne représentant trois et demi à quatre millions de personnes doivent être exterminés d'un seul coup pour résoudre définitivement la question juive en Europe. Exécution prévue pour l'automne méthodes à l'examen y compris l'acide prussique. Transmettons information sous toutes réserves son exactitude ne pouvant être confirmée. Informateur considéré comme ayant rapports étroits avec les plus hautes autorités allemandes et comme communiquant nouvelles en général fiables. » Malgré sa précision, le télégramme est déjà en retard sur la réalité : la conférence de Wannsee à laquelle il fait allusion a eu lieu sept mois plus tôt, et le massacre de masse par les camions à gaz a commencé huit mois auparavant. Le message de Riegner suscite de la réserve (y compris dans les milieux juifs) sinon de l'hostilité (du côté des Alliés).

Entre l'été 1940 et l'automne 1942, à trois reprises au moins, une autre partie essentielle du monde juif, le *Yishouv*, est menacée[1] d'une invasion allemande.

1. En juin 1941, lors de la deuxième alerte, l'armée britannique envisage un temps d'évacuer les soldats juifs de Palestine vers l'Afrique du Sud.

Durant l'été 1942, les journaux juifs de Palestine publient les nouvelles du *massacre* (et non du *génocide* encore) mais sans en faire leur titre principal, soit qu'ils doutent de leur bien-fondé, soit qu'à l'instar des contemporains non juifs ils ne saisissent pas d'emblée l'importance de la catastrophe. En novembre 1942 pourtant, après avoir reçu le télégramme Riegner, l'exécutif de l'Agence juive publie un communiqué officiel faisant état d'un plan systématique d'extermination du judaïsme européen, mais en dissimulant toutefois une partie de l'information (les chambres à gaz) pour ne pas accabler la population. Au début du même mois, à la suite d'un accord entre la Grande-Bretagne et l'Allemagne, 69 Juifs palestiniens rentrent de Pologne où ils s'étaient retrouvés bloqués en septembre 1939. Leur témoignage mentionne le camp d'Auschwitz et confirme le télégramme Riegner.

L'émotion, voire un sentiment de désolation s'emparent alors du *Yishouv*. Des veillées mortuaires publiques sont organisées, des prières sont dites dans les synagogues. Le 23 novembre 1942, les journaux paraissent leur première page bordée de noir ; des cours consacrés aux massacres sont organisés dans les écoles.

Le sionisme était une rupture un peu méprisante pour le monde traditionnel laissé en Europe. Mais quand ce monde vient *réellement* à disparaître, la rupture est alors vécue dans la culpabilité et l'angoisse. « Comment pouvons-nous vivre nos vies ? L'enfer chez vous et autour de nous le paradis ? » écrit alors le poète Uri Zvi Greenberg[1]. Fin 1942, un groupe de vingt-cinq intellectuels (dont Martin Buber) demandent la création d'un « gouvernement de salut national » mais leur action suscite le plus souvent une réaction hostile des dirigeants.

L'émotion retombe dans la deuxième moitié de l'année 1943 : « Chacun sait que la situation est horrible,

1. In *Les routes du fleuve*, cité par T. Segev, *Le septième million, op. cit.*, p. 97.

mais le public a du mal à appréhender ces récits comme faisant partie de son expérience personnelle »[1], déclare en juin 1944 un des responsables du mouvement sioniste.

2. **Chez les Alliés.** — Fin 1942, les informations relatives au génocide convergent chez les dirigeants alliés et neutres. Pourtant, au fur et à mesure que la gravité de la situation est connue, l'information est bloquée en haut lieu. Ainsi, le sous-secrétaire d'État américain Sumner Wells ne transmet le télégramme Riegner du 8 août 1942, destiné à S. Wise, que le 28 août suivant. Le Département d'État juge l'information « apparemment non fondée ». Mise à part la mise en garde qu'adressaient à l'Allemagne le 17 décembre 1942 onze gouvernements alliés (plus la France combattante du général de Gaulle), et qui révélait au monde le génocide juif, les Anglo-Saxons ne réagissent guère. A deux reprises au cours de l'année 1942, Jan Karski, courrier du gouvernement polonais en exil, s'introduit dans le ghetto de Varsovie. Il en rend compte à Londres et à Washington début 1943 et est même reçu par le président Roosevelt en juillet 1943. Sa démarche ne suscite aucune réaction.

Le gouvernement américain dispose pourtant d'une parfaite connaissance d'Auschwitz étayée entre autres par le rapport polonais d'août 1943, puis par celui de deux Juifs slovaques (Vrba et Wetzler) évadés du camp au printemps 1944, et par les premières photographies aériennes d'Auschwitz enfin prises le 4 avril 1944. Mais il se refuse à toute action concrète qui entraverait la « Solution finale » telle le bombardement, plusieurs fois évoqué, des voies de chemin de fer menant à Auschwitz.

Fin juin 1944, l'Agence juive demande au secrétaire au *Foreign Office* Anthony Eden de faire bombarder la voie ferrée reliant Budapest à Auschwitz. L'affaire reste sans suite. Le 4 juillet 1944, l'assistant du secrétaire

1. *In* T. Segev, *op. cit.*, p. 96.

américain à la Défense affirme que le bombardement d'Auschwitz « n'est pas réaliste » (cf. *infra*). Les militaires, à l'unisson des politiques, déclarent donner la priorité à l'action armée. Après guerre, pour justifier leur décision, ils parleront d'un manque d'informations sur l'ampleur exacte de l'événement.

Mais l'argument est peu recevable : les diplomates anglo-saxons tentent d'arrêter l'information *parce qu'*ils maintiennent fermées les frontières de leurs pays ou des territoires qu'ils contrôlent. A deux reprises au moins, les Britanniques repoussent des offres de sauvetage : en mars 1943, lorsqu'il s'agit de sauver 60 000 Juifs bulgares, en juin 1944 lorsque échoue la négociation dite des « dix mille camions » proposés en échange de la vie de centaines de milliers de Juifs hongrois.

Du côté britannique, les fonctionnaires répugnent à laisser notifier que les Juifs sont voués à la mort de masse. Le ministère de l'Information demande aux rédacteurs et aux présentateurs de ne pas spécifier l'identité juive des victimes comme il demande aux médias de minimiser les « récits d'atrocités »[1].

Du côté des États-Unis, l'indifférence massive du public, couplée à un antisémitisme « passif » et répandu[2], est une donnée incontournable. De surcroît, l'information, incroyable[3] au sens premier du terme, est souvent noyée dans le flot des informations de guerre : ainsi, la tragédie des Juifs hongrois

1. Mais le silence britannique s'explique *aussi* par l'impossibilité de considérer les Juifs comme une nation et par la volonté de ne pas aller dans le sens de la ségrégation nazie.

2. Selon les enquêtes d'opinion réalisées par *The Office of War Information,* l'impact des informations relatives aux atrocités allemandes était sur un « Américain moyen » sept fois plus fort quand il s'agissait d'atrocités en général que lorsqu'il y avait référence précise à des atrocités commises contre les Juifs (cité par D. S. Wyman, *L'abandon des Juifs,* Laffont, 1986, p. 418).

3. Un sondage Gallup effectué en janvier 1943 indiquait les résultats suivants : à la question « Croyez-vous que 2 millions de Juifs aient été assassinés par les Allemands ? », 47 % des personnes interrogées répondaient oui, 29 % répondaient non, et 24 % se disaient « sans opinion ».

est-elle occultée par l'information relative au *D-Day* (6 juin 1944).

A l'instar du gouvernement britannique, le gouvernement américain craint l'arrivée de centaines de milliers de réfugiés juifs sur son sol. Jusqu'en mars 1944, Roosevelt, agacé par l'accusation réitérée de *« Jew Deal »*, se refuse à mentionner la destruction des Juifs dans ses conférences de presse. Il sait la communauté juive acquise au parti démocrate, tandis qu'une politique plus ouverte aux réfugiés lui coûterait de nombreux suffrages. Telle est la ligne qui prévaut finalement lorsque les responsables du Département d'État (et parmi eux de nombreux protestants de vieille souche, imprégnés d'esprit nativiste), interrompent au début de 1943 le flot d'informations envoyées de Suisse vers les États-Unis par les responsables juifs.

Sans doute, l'administration anglo-saxonne prend-elle garde à ne pas donner prise à l'argumentaire allemand qui présente le combat des Alliés comme une « guerre juive ». Et probablement doit-elle tenir compte du fond d'antisémitisme prévalant dans les opinions publiques. Mais en dernier ressort, ni Londres ni Washington ne souhaitent offrir asile aux persécutés, qui au Royaume-Uni, qui en Palestine, qui aux États-Unis.

La vraie nature de l'événement est difficile à percevoir et à comprendre, mais l'indifférence joue aussi son rôle. Elle induira après guerre un malaise persistant chez tous les témoins de la catastrophe.

Les Soviétiques sont parmi les Alliés les principaux témoins oculaires de la catastrophe juive. Mais ils ne la mentionnent qu'à deux reprises, et chaque fois dans un but politique à court terme. Le 24 août 1941, Radio Moscou consacre une émission « destinée aux Juifs du monde entier » à laquelle participent, entre autres, le cinéaste Eisenstein et l'écrivain Ehrenbourg.

Durant l'année 1942, de nombreuses informations parviennent à Moscou provenant, entre autres, des partisans opérant derrière les lignes allemandes. Mais le gouvernement garde un silence qu'il ne rompt qu'une seule et dernière fois le 19 décembre 1942 pour mentionner explicitement les victimes juives. Il est vrai qu'il s'agit alors de suivre la démarche des Alliés (dont l'aide est essentielle), qui viennent de prendre nettement position[1]. L'URSS fait état de toutes les exactions allemandes en précisant la nationalité des victimes, mais hormis les deux occasions mentionnées plus haut, elle occulte systématiquement l'origine juive des communautés détruites. De surcroît, la rare information qu'elle diffuse n'est destinée qu'à l'Occident : les peuples de l'URSS, eux, ne sont pas informés de la réalité du génocide juif. Faut-il invoquer l'antisémitisme d'un grand nombre de populations occupées qu'il s'agirait de ménager ? Et peut-on négliger par ailleurs la résurgence, sinon la permanence dans les milieux dirigeants, d'un antisémitisme jadis combattu mais jamais éradiqué ?

3. **Le CICR, les Neutres, le Vatican et l'information.** — La Croix-Rouge est avec l'Église catholique l'institution la mieux informée de la réalité du génocide durant le conflit : elle entretient des délégués permanents dans les capitales de tous les États belligérants. Ce ne sont évidemment pas les visites guidées conduites par les Allemands dans des « camps modèles » (Theresienstadt) qui l'en instruisent, mais bien plutôt les rapports de ses correspondants, ceux de nombreux témoins oculaires, et ceux enfin des responsables juifs tel Riegner.

Durant l'été 1942, la Croix-Rouge sait déjà l'essentiel et se demande, lors de débats houleux tenus à Genève, s'il faut poursuivre l'action discrète ou se prononcer, au contraire, pour l'appel public comme ç'avait déjà été le cas, en février 1918, à propos de l'utilisation des gaz toxiques. A l'été 1942, la majorité des membres du directoire du CICR se prononce en faveur

1. Cf. *supra* déclaration du 17 décembre 1942.

de l'appel public mais le président Huber repousse cette décision, probablement pour ne pas indisposer la politique de stricte neutralité suivie par Berne. Après un communiqué publié en septembre 1942, indiquant que « les civils devaient être traités humainement », le CICR opte à partir du mois suivant pour une action discrète qui se poursuit jusqu'en 1945 sans engranger pourtant de résultats notables.

En refusant de considérer les Juifs comme des victimes spécifiques, le CICR est piégé par la logique raciale allemande. Mais il l'est aussi par une conception humanitaire obsolète, fort peu à même de comprendre la notion de « guerre totale » propre au XXe siècle.

C'est à partir de Genève, Stockholm et Istanbul, plaques tournantes du renseignement, que les puissances neutres sont progressivement informées. Leurs consuls à l'étranger sont contactés par des informateurs, les diplomates cherchent à en savoir davantage, des fugitifs enfin tentent de se réfugier dans quelque État neutre. A l'automne 1942, autorités officielles et principaux médias sont au fait de la réalité du génocide même si les méthodes et surtout l'ampleur du massacre ne sont pas encore véritablement connues. Dès la fin de l'année 1942, la presse suisse[1] et la presse suédoise parlent de « massacres de masse » et d'« exterminations ».

La Suisse est sans doute mieux informée que quiconque en Europe, mais le gouvernement helvétique se tait et maintient, officiellement, les frontières fermées. Le 26 septembre 1942, quelques semaines après les grandes rafles opérées en territoire français, le Département de Justice et Police du Conseil fédéral enjoint aux postes frontières de refouler sans exception les Juifs français « étant donné qu'ils ne courent pas de

1. Le quotidien bâlois *Basler Nazionalzeitung,* le 18 décembre 1942 : « Les Juifs de tous les territoires occupés sont déportés dans d'horribles conditions. En Pologne, ils sont systématiquement exterminés » (*in* W. Laqueur, *Le terrifiant secret,* Gallimard, 1981, p. 61).

danger dans leur pays ». A l'inverse, le gouvernement suédois, neutre lui aussi, accueille la petite communauté juive du Danemark en octobre 1943.

Bien implantée en Europe, et plus encore dans une Pologne très catholique, l'Église sait l'essentiel probablement dès les premiers massacres de 1941. La haute hiérarchie catholique est informée par les contacts personnels noués à l'intérieur du clergé européen, collectant des informations dont certaines parviennent jusqu'à Rome. Ainsi, le 9 mars 1942, le nonce du pape à Bratislava (Slovaquie) câble-t-il à Rome : « La déportation de 80 000 personnes en Pologne où elles seront à la merci des Allemands équivaut à condamner à une mort sûre une grande partie d'entre elles. » Le 26 septembre 1942, les États-Unis fournissent à la Curie la liste déjà longue des exterminations perpétrées en Pologne. Silence. Lors du message de Noël 1942, le pape Pie XII[1] glisse une allusion aux centaines de milliers de victimes qui sont « condamnées (...) parfois seulement en raison de leur nationalité ou de leur race », mais il refuse de dénoncer des « atrocités particulières » et ne peut parler des nazis, dit-il, sans citer en même temps les bolcheviques[2]. Il explique au représentant de Roosevelt qu'il y a dans ces informations relatives aux massacres de masse une part de vérité, mais que l'ensemble est fortement exagéré pour des raisons de propagande. Le 25 juin 1944 toutefois, il s'adresse au régent Horthy de

1. Pie XII est entré en fonction en mars 1939 après avoir été longtemps nonce apostolique en Allemagne. En tant que secrétaire d'État de son prédécesseur Pie XI, le cardinal Pacelli avait participé de près, avec l'archevêque de Munich, Faulhaber, à la rédaction de l'encyclique condamnant la persécution du catholicisme allemand par le nazisme, *Mit Brennender Sorge* (1937). Cf. G. Passelecq et B. Suchecky, *L'encyclique cachée de Pie XI,* La Découverte, 1995.

2. De même qu'avant guerre, la condamnation du communisme avait été beaucoup plus radicale que celle du nazisme qui était perçu comme un moindre danger, surtout dans l'immédiat, parce que circonscrit à une seule nation. Cf. à ce sujet Émile Poulat, préface à *L'Encyclique cachée de Pie XI, op. cit.*

Hongrie en faveur des Juifs qu'il sait condamnés à mort. C'est le premier appel de cette sorte.

D'autres dignitaires d'Église (protestante, anglicane) prennent en pays non occupés des positions qui attestent que la haute hiérarchie catholique sait ce qui se passe à l'est de l'Europe. Le 23 mars 1943, l'archevêque de Canterbury, William Temple, déclare devant la Chambre des lords : « En ce moment pèse sur nous une formidable responsabilité. Nous nous tenons devant le tribunal de l'histoire, de l'humanité et de Dieu[1]. » Aux États-Unis, un responsable du Conseil fédéral des Églises affirme : « Ceci n'est pas une affaire juive. Il s'agit d'un universel et colossal avilissement que partage l'humanité tout entière[2]. »

Malgré les lacunes graves de la recherche[3], trois éléments au moins semblent attestés. Pie XII savait, surtout à partir du début de 1943. Il n'a pratiquement pas parlé sauf, et de façon elliptique, en deux seules occasions : à Noël 1942 et en juin 1943. Mais il est quasi certain aussi que dans la coulisse le pape n'est pas resté inactif.

Après guerre, Pie XII argue (comme d'autres) que l'intervention souterraine était plus efficace et mettait moins en danger les populations locales. Il ne parlait pas des populations juives mais des cadres de l'Église catholique, en Pologne en particulier. Le Pape se veut et est d'abord responsable pastoral, chef spirituel de ses seules ouailles catholiques. En gardant le silence en public, Pie XII a mis en avant les seuls intérêts de la catholicité et des catholiques d'Europe[4]. L'universalité[5] du message s'est heurtée à la réalité politique la plus crue.

1. Cité *in* D. Wyman, *op. cit.*, p. 145.
2. Cité *in* D. Wyman, *op. cit.*, p. 406.
3. Les archives du Vatican ne sont consultables, à l'heure actuelle, que jusqu'à la fin du pontificat de Benoit XV (janvier 1922).
4. Encore faut-il nuancer le propos : la germanophilie notoire du Souverain pontife a sans doute sa part dans le silence persistant qu'il oppose aux souffrances de la Pologne *catholique*.
5. Tel est le sens du mot *catholique*.

4. **Et l'Allemagne ?** — Des dizaines, voire des centaines de milliers d'hommes de la *Wehrmacht*, s'ils n'ont pas toujours participé aux massacres y ont du moins assisté. Les témoignages abondent en ce sens. Un gradé de l'économat raconte ce qu'il a vu à Bobruisk (URSS) en avril 1942 : « J'ai assisté à ces exécutions avec d'autres cadres administratifs. D'une certaine manière, c'était presque un ordre (...). Les administrations devaient, dans la mesure du possible, y envoyer des délégations afin que l'on ne soupçonnât pas que nous pourrions être hostiles au national-socialisme. »[1]

Le meurtre de masse est inconcevable sans la participation d'une part importante de la société civile environnante. La *Reichsbahn* qui déporte 3 millions de Juifs emploie 500 000 personnes. Une partie d'entre elles organise les « trains spéciaux »[2]. Des firmes civiles construisent les chambres à gaz, d'autres, telle Topf et Fils à Erfurt fabriquent certains des crématoires[3], d'autres telles Saurer mettent au point, sur indications de la SS, les camions destinés au gazage par monoxyde de carbone. Le président du Conseil d'administration de l'*IG. Farbenindustrie*, Carl Krauch, choisit personnellement le site d'Auschwitz (de préférence à une autre possibilité en Norvège), et le slogan affiché à la porte d'entrée du camp, *Arbeit macht frei,* figurait avant guerre dans toutes les usines du groupe.

1. In *Pour eux..., op. cit.,* p. 119.

2. « Je voudrais signaler qu'un jour j'ai réalisé la vraie signification du camp de Belzec. En effet, derrière un hangar à locomotives, j'ai vu des montagnes de vêtements de toutes sortes. Il y avait aussi une grande quantité de chaussures, puis des bijoux et autres objets de valeur. Les SS avaient entassé ces objets. On versait de l'essence sur les vêtements qui ne semblaient plus portables, puis on les brûlait » (Oscar Diegelmann, inspecteur en chef de la *Reichsbahn*, cité in *Pour eux..., op. cit.*, p. 211).

3. L'ingénieur Prüfer de l'entreprise Topf avait appris fin août 1942 que les bunkers servaient à l'assassinat des Juifs par le gaz, et que les fours qu'il construisait pour les crématoires IV et V d'Auschwitz étaient destinés à brûler ces cadavres-là. Il n'en parla pas, il avait signé un « engagement sur l'honneur » de ne pas révéler ce qu'il voyait à Auschwitz.

Des banques clôturent les comptes, des civils reprennent les affaires juives, les entreprises, les appartements, les meubles. La firme Degussa travaille l'or volé aux victimes et celui extrait des cadavres qu'elle fond sous forme de lingots appartenant désormais au Reich. Sa filiale, la Degesch, fabrique le gaz *Zyklon B* que la SS commande en quantités *anormales* pour l'usage traditionnel.

La rapidité nécessaire[1] au processus du meurtre de masse explique que le Reich fasse appel aux meilleures compétences techniques et *civiles* du pays : les chemins de fer, l'industrie automobile, l'industrie métallurgique, l'industrie chimique, l'industrie textile enfin (la récupération) sont sollicitées.

Le crime n'est pas commis par une poignée de sadiques. C'est un « crime d'employés » et d'hommes ordinaires, civils et militaires mêlés, membres ou non du Parti nazi. La mise en œuvre du génocide implique le concours d'une administration immense. Ces bureaucrates compétents gèrent le meurtre sans émotion excessive, pétris qu'ils sont de valeurs qui remontent loin en amont du national-socialisme. Le crime n'est pas un à-côté du monde ordinaire, il le compénètre dans les interstices les plus banals de la vie quotidienne.

II. — Les tentatives de sauvetage

1. **Les tentatives du *Yishouv*.** — 50 000 réfugiés juifs arrivent en Palestine pendant la guerre, dont 16 000 clandestinement malgré les menaces britanniques d'arrêter l'immigration légale si l'immigration

1. La nécessité du secret explique la rapidité du processus. Le 24 mars 1942, deux mois après Wannsee, Franz Rademacher, chef de section au bureau des «affaires juives» du RSHA, fait parvenir cette note au ministère des Affaires étrangères: «Plus fortement se dessinera la victoire allemande et plus importantes et pressantes deviendront les tâches de la section, la question juive devant être résolue uniquement au cours de la guerre, car elle doit être liquidée sans que le monde entier ne se répande en cris.»

illégale n'était pas stoppée. Ben Gourion, chef de l'exécutif sioniste, est lucide sur la portée de la catastrophe en cours : « L'extermination du judaïsme européen est une catastrophe pour le sionisme. Il n'y aura plus personne avec qui construire le pays ! »[1]

Fin 1942, une négociation est engagée pour sauver les Juifs roumains de Transnitrie. L'offre est transmise à l'Agence juive à Istanbul, laquelle la fait suivre chez les Alliés. Refus britannique et blocage allemand : l'affaire reste sans suite. Dans le même temps (novembre 1942 - septembre 1943), le « plan Europe » est mis sur pied pour sauver les Juifs de Slovaquie, contre argent remis à Dieter Wisliceny, représentant de Himmler à Bratislava. Du mois d'août 1942 jusqu'au mois de septembre 1943, la direction clandestine de la communauté juive de Slovaquie entame des négociations avec Dieter Wisliceny. Elles sont rompues à l'initiative des Allemands.

Le 31 janvier 1943, le Comité de Sauvetage de l'Agence juive est mis sur pied en Palestine. Le 1er octobre 1943, un premier groupe de parachutistes d'*Eretz Israël*[2] saute derrière les lignes allemandes en Roumanie. D'autres suivent en mars 1944, en Roumanie encore, en Yougoslavie, en Hongrie, puis en Slovaquie en septembre 1944 : la moitié d'entre eux sont capturés et assassinés. Fin septembre 1944, Churchill

1. Cité *in* T. Segev, *Le septième million,* p. 121. A noter qu'en 1954 Ben Gourion déclare encore : « Hitler n'a pas nui qu'au seul peuple juif qu'il connaissait et qu'il haïssait : il a causé du tort à l'État juif dont il n'avait pas prévu l'existence. Il a détruit le principal soutien et la force essentielle du pays. L'État est là mais il n'a pas trouvé la nation espérée » (*ibid.,* p. 139). Si l'émigration vers la Palestine est rarissime, elle se heurte de surcroît à l'opposition résolue du chef du mouvement national palestinien, le mufti de Jérusalem, Amin Al-Husayni, réfugié en Allemagne en 1941. Eichmann disait de lui qu'il était « l'un des plus acharnés à demander l'extermination des Juifs » (cité par Yehuda Bauer, in *Juifs à vendre ? Les négociations entre nazis et Juifs, 1933-1945,* Éd. Liana Lévi, 1966, p. 130).

2. Ainsi se dénomme la communauté juive de Palestine en reprenant l'acception biblique de « Pays d'Israël ».

annonce au Parlement la création d'une brigade juive au sein de l'armée britannique.

Le *Yishouv* tente ainsi quelques actions de sauvetage mais il est rapidement confronté à sa propre fragilité et à son manque d'autonomie. L'Agence juive aurait consacré un quart de son budget aux actions de sauvetage[1], mais l'impuissance voire dans certains cas l'incompréhension[2] réduisent ces actions à peu de chose.

2. **Les tentatives des Anglo-Saxons.** — Pour les Britanniques et les Américains, l'effort de sauvetage eut surtout consisté à modifier les procédures d'immigration en facilitant la délivrance des visas et l'accueil des réfugiés. Ce qu'ils ne font pas, sinon au compte-gouttes, et dans des proportions infimes vu les besoins de l'heure.

Les lois américaines dites des quotas restent en l'état. Début 1939, le projet de loi Wagner-Rogers qui prévoit l'accueil de 20 000 enfants réfugiés en provenance d'Allemagne est repoussé par le Congrès[3]. Entre 1933 et 1945, le contingent austro-germanique (selon les lois des quotas) de 27 370 immigrants par an n'est rempli qu'à 36 %. La seule entorse à cette loi est faite en faveur des réfugiés politiques et intellectuels prestigieux accueillis aux États-Unis entre 1940 et 1944 (environ 3 000 personnes). Sur les 370 000 Juifs qui s'enfuient du Reich élargi entre 1933 et 1939, 57 000 peuvent entrer aux États-Unis[4]. L'opinion américaine, jusque durant les années de guerre, reste fermée aux propositions d'accueil.

Le même esprit de fermeture est de règle du côté britannique. Le gouvernement n'apporte aucune modification à la législation restrictive votée entre 1905

1. *In* T. Segev, *op. cit.*, p. 127.

2. «Pourquoi les Juifs de Hongrie ne se défendent-ils pas», titre le journal travailliste *Davar* le 22 juin 1944 (*in* T. Segev, *op. cit.*, p. 135).

3. Roosevelt note en marge de ce projet: «A classer; Sans suite. FDR.»

4. Et 50000 au Royaume-Uni.

et 1919. Lorsqu'en décembre 1940, un navire transportant des réfugiés juifs en route vers la Palestine, le *Salvador*, coule en mer de Marmara, le chef du bureau des réfugiés au *Foreign Office* note : « On ne saurait imaginer un désastre plus opportun pour mettre un terme à ce trafic. »[1]

Quelques négociations secrètes, relatives au sort des Juifs, sont pourtant nouées entre les Anglo-Saxons et les Allemands mais elles échouent toutes. Rappelons la tractation relative aux Juifs de Hongrie, négociation initiée au printemps 1944 par la communauté juive de Budapest avec l'appui de l'Agence juive (Joël Brandt). Mais en juin 1944, les Anglais arrêtent Brandt et son complice Grosz au Caire alors que se poursuit la déportation des Juifs hongrois vers Auschwitz au rythme de près de 10 000 personnes par *jour*. En accord avec les Américains, les Anglais[2] font échouer la négociation de même qu'ils n'accordent aucune suite à d'autres propositions aussi bien juives qu'allemandes. Au fur et à mesure que la défaite allemande se précise, Himmler, en effet, cherche un rapprochement avec les Occidentaux par le biais de la « question juive », tant il reste prisonnier d'une vision du monde dans laquelle « les Juifs » seraient les « vrais maîtres » des États-Unis.

Ces sauvetages ratés de la part des Anglo-Saxons mettent d'abord en lumière la structure polyarchique du régime nazi et sa vision obsessionnelle des Juifs perçus comme d'autant plus puissants qu'ils viennent d'être détruits. Mais ils soulignent surtout le peu de cas fait par les Alliés[3] du sort *spécifique* des Juifs.

Les révélations sur le génocide, divulguées dans la presse fin 1942, suscitent dans l'opinion un mouve-

1. In *L'Allemagne nazie et le génocide juif, op. cit.*, p. 365.

2. Lord Moyne, gouverneur britannique en Égypte : « Qu'allons-nous faire d'un million de Juifs ? »

3. Après de fortes pressions, Roosevelt crée en janvier 1944 un Comité pour les réfugiés de guerre... où le terme juif est soigneusement évité.

ment de sympathie pour les victimes qui presse les responsables d'agir. C'est pour répondre à cette attente, mais aussi pour la détourner, que Londres et Washington convoquent aux Bermudes, en avril 1943, une conférence internationale sur « les réfugiés[1] ».

L'intitulé de la conférence et le lieu choisi sont révélateurs : on y parlera de « réfugiés » et non de la situation des Juifs assassinés[2]. L'accès interdit à l'archipel des Bermudes empêche toute pression de l'opinion publique, de la presse et des organisations juives dont aucune, d'ailleurs, n'a été invitée. La consigne est de ne pas accorder une attention particulière aux Juifs.

La conférence a trois objectifs : pousser les Neutres à accueillir plus de réfugiés, chercher des lieux d'asile temporaire, réunir enfin le Comité intergouvernemental mis sur pied après la Conférence d'Évian en 1938. Au terme de son travail, la conférence recommande de ne faire aucune démarche auprès de Hitler et de tenter d'obtenir des navires neutres pour le transport. La presse donne peu d'écho à cette conférence qui a pourtant atteint son objectif : faire retomber la pression née de l'émotion sans pour autant ouvrir les frontières.

Cet abandon du peuple juif se vérifie encore lorsque les organisations juives demandent aux Alliés de bombarder les voies ferrées menant à Auschwitz. Les bombardiers alliés survolent le camp le 4 avril 1944, puis le 20 août 1944 et le 13 septembre suivant encore. L'état-major allié refuse l'opération en avançant qu'un bombardement des chambres à gaz depuis une altitude de 7 000 m d'altitude serait aléatoire et que, de surcroît, ces bâtiments seraient reconstruits rapidement. Il faut donner la priorité, conclut-il, à la destruction de la machine de guerre allemande, et agir vite dans la

1. C'est la deuxième après celle d'Évian en 1938.

2. Coïncidence : la conférence a lieu du 19 au 30 avril 1943, alors même qu'ont lieu les combats, solitaires, du ghetto de Varsovie. A l'abandon sur le lieu du génocide répond, au même moment, l'abandon diplomatique.

mesure où l'Allemagne cherche à mettre au point l'arme atomique.

3. **L'abandon.** — Le 12 mai 1943, Shmuel Zygelbojm, représentant du *Bund* au Conseil national polonais en exil à Londres, se suicide. Deux semaines après la fin de la conférence des Bermudes et quatre jours après la fin des combats dans le ghetto de Varsovie. Zygelbojm laisse une dernière lettre : « La responsabilité du crime que constitue le massacre de toute la population juive de Pologne retombe en premier lieu sur ceux qui le commettent, mais ce crime est aussi un fardeau qui pèse indirectement sur l'humanité entière, sur les peuples et les gouvernements des nations alliées qui n'ont, jusqu'ici, aucunement tenté de prendre des mesures concrètes dans le but de faire cesser ce crime. En observant passivement le meurtre de millions d'êtres sans défense et les sévices infligés à des enfants, des femmes et des vieillards, ces pays sont devenus complices des criminels (...). Incapable durant ma vie de faire quoi que ce soit, peut-être pourrais-je contribuer par ma mort à briser cette indifférence. »

Un organisme privé, l'*American Jewish Joint Distribution Committee (JDC),* fournit aux Juifs européens durant la guerre plus d'aide que l'ensemble des gouvernements du monde et finance à 85 % le travail de l'Agence pour les réfugiés de guerre mise en place par Roosevelt en 1944. Les Alliés invoquent un manque de bateaux qui les empêcherait de porter secours aux victimes, mais 425 000 prisonniers de guerre de l'Axe sont amenés aux États-Unis durant la guerre. Les gouvernements britannique et américain évacuent plus de cent mille réfugiés yougoslaves, polonais et grecs, tandis que l'administration américaine ne réussit à évacuer vers les trois camps qui leur sont destinés que 2 000 réfugiés juifs. Enfin, durant les années 1942 et 1943, l'administration britannique fait entrer en Palestine autant de réfugiés polonais et grecs (non juifs) que de réfugiés juifs.

Le véritable obstacle au sauvetage des Juifs n'est ni technique ni idéologique, il tient pour l'essentiel à l'absence d'une volonté affirmée de les sauver[1].

III. — Résister ?

« Pourquoi nous sommes-nous laissés conduire à l'abattoir comme des moutons ? Pourquoi l'ennemi a t-il eu la partie si belle ? »[2] Cette question posée sur fond d'angoisse, voire d'indignation ou de honte chez de nombreux Juifs contemporains renoue avec l'antienne du « peuple-mouton ».

C'est oublier l'extrême rapidité du processus meurtrier. A la fin mars 1942, près des trois quarts des futures victimes sont encore en vie. En février 1943, la proportion s'est inversée : 75 % des victimes ont été assassinées. Près de 2,7 millions de personnes périssent durant la seule année 1942 soit plus de la moitié du total des victimes de la shoah. Outre l'effet de surprise, cette rapidité laisse aux victimes l'espoir intact. En 1943, lorsque la connaissance du processus est quasi totale, le désespoir s'installe et induit paradoxalement l'esprit de résistance. Quatre révoltes éclatent sur les lieux du massacre entre avril et octobre 1943 : à Varsovie en avril, à Treblinka et Bialystock en août, à Sobibor en octobre.

La « Solution finale » implique discrétion et rapidité, et même si l'essentiel peut être su en 1942 (à l'Est bien davantage qu'à l'Ouest), l'esprit refuse cette promesse de mort. « Les occupants ont institué une terreur telle qu'on a peur de lever la tête (...). Peut-être cette passivité provoquée par la faim est-elle cause de ce que les

1. Sur les 43 000 Juifs que comptait encore Vienne en 1942, on estime que 200 d'entre eux auraient été cachés et sauvés par des Viennois, soit 0,05 %. En Pologne, où l'aide aux Juifs était passible de mort, et où elle fut effectivement dérisoire, notons le rôle de l'organisation Zegota, née fin 1942, qui sauva (nul n'arrive à s'entendre sur l'effectif) entre 4 000 et 20 000 Juifs.

2. Emmanuel Ringelblum, *Chronique du Ghetto de Varsovie*, Petite Bibliothèque Payot, 1995

masses juives succombent en silence à la faim, sans protester vigoureusement. »[1] La violence inouïe pratiquée par les Allemands à l'Est rend compte pour partie de la peur à s'engager dans un processus de résistance. L'angoisse de mort sérialise et renvoie chacun à lui-même. L'orage, pense-t-on, éclatera sur la communauté voisine. Les Juifs polonais pensent que seuls les Juifs soviétiques seront touchés. Puis, après les premiers massacres en Pologne, qu'il s'agit d'opérations « non autorisées », et après la liquidation des premiers ghettos, qu'*« Ils »* ne s'attaqueront pas aux Juifs de Varsovie. Après les premières déportations de la capitale enfin, la conviction prévaut que seuls les Juifs sans travail seraient visés, etc.

L'espoir paralyse la révolte et l'action. L'Organisation juive combattante du ghetto de Varsovie se constitue le 28 juillet 1942, six jours après le début des déportations de masse vers Treblinka. Comme au ghetto de Varsovie, beaucoup s'organisent lorsqu'il n'est plus d'espoir possible. Ainsi, trois des quatre soulèvements collectifs connus ont lieu à proximité immédiate des chambres à gaz. Enfin, pour entendre l'antienne de la « passivité », il faut prendre aussi la mesure de l'abandon où sont laissées les communautés juives.

A l'ouest de l'Europe, ce n'est pas tant la mentalité diasporique qui casse l'esprit de résistance que la mentalité moderne : le Juif émancipé ne peut plus réagir lorsque l'État de droit dont il est citoyen le persécute. C'est pourquoi, propose l'historien Yehouda Bauer, au lieu de demander pourquoi les Juifs ne résistèrent pas, il eut mieux valu se demander pourquoi et comment ils furent aussi nombreux les armes à la main dans *ces* conditions-là[2] ?

1. *Ibid.* Perechodnik écrit de son côté en 1943 : « Les Juifs étaient brisés, physiquement et surtout moralement. La majorité avait perdu le désir de vivre » (*op. cit.*, p. 111).
2. In *L'Allemagne nazie et le génocide..., op. cit.*, p. 414.

Dans le contexte de la fin de l'« opération Reinhardt », 600 détenus juifs de Treblinka se révoltent le 2 août 1943. Le 14 octobre suivant, la révolte des détenus juifs du camp de Sobibor[1], tuant 10 SS, précipite le démantèlement des installations et pousse peut-être Himmler à faire assassiner les derniers Juifs du « Gouvernement général » encore épargnés par l'*« Aktion Reinhardt*[2] *».* D'où l'*Erntefest* (« Fête des Moissons ») du 3 au 5 novembre 1943 (cf. *supra*).

Lorsque l'information est devenue connaissance, et que l'espoir a pratiquement disparu, le point de vue des tenants de la résistance active l'emporte, toujours difficilement, au sein de ce qui subsiste des ghettos. Les *Judenräte*, sauf rares exceptions, pensent encore sauver l'essentiel en acceptant des déportations *partielles.*

En janvier 1943 déjà, l'OJC (cf. *supra*) avait opposé aux Allemands une première action de résistance. Quelques semaines plus tard a lieu le soulèvement du ghetto de Varsovie, l'épisode le plus célèbre de la résistance juive. D'une part, parce que ces quelques centaines de jeunes combattants juifs, fort peu armés, tiennent tête du 19 avril au 8 mai 1943 à plusieurs milliers de soldats allemands et lettons, surarmés et entraînés. D'autre part, parce que la communauté juive de Varsovie est avant guerre la plus importante du monde juif européen. Enfin, parce que l'histoire du ghetto condense toutes les phases de la catastrophe juive en Europe.

Le 19 avril 1943, les *Waffen* SS qui pénètrent dans le ghetto encerclé sont accueillis par une riposte armée. Mais la résistance juive doit progressivement battre en retraite et, dans des quartiers en flammes, pourchassés sur les toits et bientôt dans les égouts, elle est quasi

1. 450 détenus s'enfuient, 150 (sur 600) sont abattus immédiatement. Près de 200 évadés ne sont pas repris et une cinquantaine d'entre eux restent en vie à la fin de la guerre.

2. Mais il est vrai aussi, comme Globocknik l'écrit à Himmler le 4 novembre 1943 que l'« opération Reinhardt », « menée à bien », est terminée depuis le 19 octobre.

anéantie le 8 mai après la destruction de son commandement. 7 000 Juifs sont abattus, 7 000 sont envoyés à Treblinka. Plus de 40 000 autres sont déportés vers Lublin et d'autre lieux.

La révolte du ghetto de Varsovie occulte parfois les tentatives de soulèvement armé qui ont lieu, en 1942 et 1943, dans des ghettos biélorusses et polonais. Il existe des groupes clandestins armés dans 91 ghettos de la seule Biélorussie occidentale, et dans deux tiers des cas au moins il s'agit de mouvements organisés. A Minsk, quatrième ghetto en importance (80 000 personnes), la résistance armée permet des évasions en masse dans les forêts alentour. A Bialystock, en août 1943, la résistance armée s'oppose aux Allemands lors de la liquidation du ghetto mais elle est rapidement écrasée vu la disproportion des forces.

A Auschwitz enfin, les détenus juifs de la « corvée spéciale » du crématoire IV se révoltent les 6 et 7 octobre 1944 lorsque les nazis viennent s'emparer de 300 membres du *Sonderkommando* pour un « transfert » qui ne leurre plus personne. Comme celles de Treblinka et de Sobibor, leur révolte est noyée dans le sang malgré quelques pertes SS, la destruction du crématoire et de sa chambre à gaz que les insurgés ont fait sauter.

Des formations combattantes juives, en effectifs très limités, prennent part également au combat. A l'Est, elles sont constituées de rares rescapés (souvent militants de mouvements de jeunesse, sionistes, bundistes ou communistes), qui s'organisent, sans soutien logistique et dépourvus d'armes, en opérant à partir des forêts dans un environnement le plus souvent hostile. Ainsi, la résistance polonaise les aide peu quand elle ne les combat pas. A l'Ouest, en France par exemple, outre les nombreux Juifs français et étrangers qui rejoignent la Résistance intérieure ou extérieure, quelques-uns tentent de s'organiser en maquis spécifiquement juifs mais leur effectif reste jusqu'à la fin fort modeste.

Il est vain d'opposer résistance passive et résistance active, la résistance armée aux autres. Dans la mesure où le projet nazi prévoyait la destruction totale du peuple juif, tenter de survivre, en premier lieu par la fuite, fut la forme initiale de la résistance juive à la volonté allemande. Dans ce contexte, toute résistance fut *active*, qu'elle consistât à fabriquer des faux papiers, à trouver un abri sûr le temps d'un répit, à dénicher des familles d'accueil pour les enfants traqués, à mettre au point des filières d'évasion hors du joug allemand. L'environnement humain et le facteur géographique ont joué un rôle essentiel dans ces « techniques » de sauvetage.

Les combattants militaires furent honorés après guerre et on rappelle volontiers le rôle de la brigade juive palestinienne combattant au sein de l'armée britannique. Mais les combattants « sans-gloire » des papiers trafiqués, des enfants cachés et des cantines populaires n'eurent pas droit au titre envié de résistants. C'est pourtant bien de résistance dont il s'agissait pour ceux qui, arrêtés au service des sans-grade, l'ont toujours payé de leur vie.

Chapitre VI

L'HEURE DES BILANS

I. — La découverte du génocide

Au printemps 1945, la libération des camps occidentaux empêche voire déforme la prise en compte de la « Solution finale ». Les images de Buchenwald et de Dachau résument alors les politiques meurtrières du Reich, génocide juif inclus. Dans la mémoire des contemporains, le monde concentrationnaire allemand est synonyme du désespoir absolu. Pourtant, l'image montrée empêche d'imaginer pire encore, ce sur quoi il n'existe ni image ni reportage aucun, les centres du meurtre de masse de l' *« Aktion Reinhardt »* et les massacres commis par les *Einsatzgruppen*.

La mémoire qui s'impose tient d'abord à une réalité *physique* : les rescapés juifs sont moins nombreux que les autres. En France, 59 % des déportés dits « politiques » sont rentrés en 1945 pour 3 % seulement de rescapés juifs. En Belgique, 5 % des rapatriés de 1945 sont juifs, mais les Juifs avaient représenté plus de 38 % de l'effectif des déportés[1].

A partir de 1945, et pour une bonne quinzaine d'années, Buchenwald devient le lieu symbole de la déportation. Auschwitz n'est pas encore ce lieu central que vont faire advenir la mémoire collective et le travail historien. Mais l'occultation du génocide, et la diffi-

1. Sur 4918 enfants juifs de moins de quinze ans déportés de Belgique à Auschwitz, 56 reviennent en 1945, soit 1,1 % de l'effectif.

culté de le saisir à travers la tragédie de la déportation, ne tient pas seulement au manque d'images et à une réalité géographique éloignée. Elle tient d'abord à la difficile question de l'identité juive qui ne se posait pas alors dans les mêmes termes qu'aujourd'hui. Elle tient aussi à l'impossibilité de penser l'aridité absolue (le « mort pour rien ») de l'événement. Elle tient enfin, et surtout, au manque de repères intellectuels qui eussent permis de se déprendre d'une histoire connue, celle des massacres de populations civiles, pour percevoir une réalité nouvelle, celle du génocide et du crime contre l'humanité. Durant la guerre, les concentrationnaires *voient* le sort spécifique des Juifs, mais ils ne le *pensent* pas. Ils voient le *massacre* de masse, mais ils ne pensent pas le *génocide*. Au-delà des récupérations politiques de la mémoire collective, le décalage entre la perception du réel et son intelligibilité joue son rôle.

Le cas des reporters de la BBC entrant dans Bergen-Belsen libéré en avril 1945 est à cet égard symptomatique : bien que 40 000 à 60 000 détenus fussent juifs, ils n'y font pas la moindre allusion. Il n'y a pas là antisémitisme larvé ou passif, mais impossibilité d'embrasser une réalité en rupture avec les images classiques des désastres de la guerre.

II. — La destruction d'un monde

1. **Bilans chiffrés.** — Bien qu'Himmler ait ordonné la fin des opérations d'extermination en novembre 1944, les massacres continuent avec les « marches de la mort » et se poursuivent jusqu'aux premiers jours de mai 1945[1]. La surmortalité persiste longtemps après la libération[2].

Le bilan est difficile à établir car les comptabilités allemandes ne sont pas exhaustives (ainsi en est-il de

1. Mauthausen a été libéré par les Américains le 5 mai 1945.
2. Entre le 15 avril (date de la libération du camp) et la fin octobre 1945, 31 000 anciens détenus meurent à Bergen-Belsen.

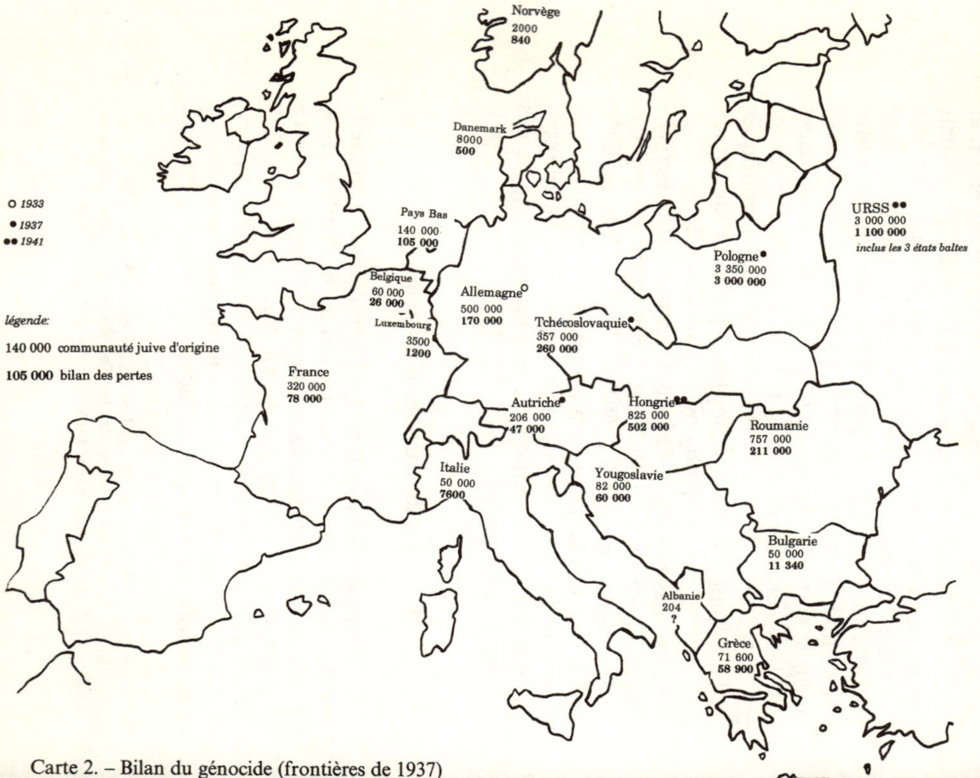

Carte 2. – Bilan du génocide (frontières de 1937)

Sources :

— Benz Wolfgang, *Dimension des Völkermords. Die Zahl des jüdischen Opfer des Nationalsozialismus*, Munich, Oldenbourg, 1991.
— *Encyclopedia Judaïca.*
— Hilberg Raul, *La destruction des Juifs d'Europe*, Fayard, 1988.

celles des *Einsatzgruppen* et de l'« *Aktion Reinhardt* »). Nombre d'archives, de surcroît, ont été détruites, à commencer par la documentation du bureau d'Eichmann. En mars 1943, un statisticien de la SS, Richard Korherr, établit dans un document de 16 pages le bilan de la « Solution finale ». Il arrête ses statistiques au 31 décembre 1942 et ajoute 6 pages consacrées aux trois premiers mois de 1943. Aucun autre document chiffré ne proviendra par la suite des Allemands eux-mêmes. Aucun résumé n'est établi pour l'année 1944 ni pour 1945. De plus, du fait de l'effondrement du Reich dans les derniers mois de 1944, aucun comptage n'est plus entrepris.

En novembre 1945, à Nuremberg, le commandant SS Höttl rend compte de ce que Eichmann lui aurait dit à Budapest fin août 1944, que 6 millions de Juifs avaient été tués. Le Tribunal militaire international de Nuremberg reprend ce chiffre mais quinze ans plus tard, lors de son propre procès, Eichmann parle cette fois de 5 millions de victimes[1]. En juin 1945, l'Institut des Affaires juives aux États-Unis situe le nombre de victimes à 5 670 000 personnes (à partir d'une compilation de documents), et l'année suivante le Congrès juif mondial avance, lui, le chiffre de 5 978 000 victimes.

En reprenant ces calculs et les sources disponibles, et en procédant par soustraction comme le fait Raul Hilberg, le bilan des victimes oscille entre 5 et 6 millions de Juifs assassinés, dont la majorité sont originaires de Pologne[2] et d'URSS. Soit près des deux tiers du judaïsme européen et près de 40 % du judaïsme mondial. La structure démographique du monde juif en est affectée

1. Le chiffre qu'il avance alors n'est pas nouveau : il l'avait déjà mentionné au capitaine SS Dieter Wisliceny lors d'une conversation qu'ils auraient eu vers la fin de la guerre.

2. La communauté juive de Pologne, vivier du judaïsme, est quasi totalement détruite : 500 000 personnes seraient mortes dans les ghettos, 600 000 auraient péri dans les exécutions de masse et près de 1 900 000 dans les centres de mise à mort.

pour plusieurs générations, l'équilibre entre ses différentes composantes en est bouleversé : alors qu'avant 1939 le *leadership* de la Diaspora se situait en Europe de l'Est, il bascule désormais vers deux nouveaux centres, l'Amérique du nord et le futur état d'Israël[1].

2. **Les survivants.** — Pour les survivants, revenus sur les lieux où leur vie normale s'était brutalement arrêtée, il reste à lire dans le regard des autres ce qu'on avait fait d'eux. Il leur faut continuer à vivre après la volonté systématique d'extermination, et affronter la culpabilité du « rescapé » : « Pourquoi moi ? ». Pour les enfants cachés dont les parents ne sont pas revenus, il reste à vivre l'existence entière avec l'idée qu'on ne leur a pas dit « au revoir ».

En mai 1945, l'Europe compte près de 14 millions de « personnes déplacées » dont plusieurs centaines de milliers de Juifs. 400 000 Juifs polonais obtiennent l'autorisation de quitter l'URSS, la moitié d'entre eux se retrouvent « chez eux ». Mais les pogroms de Cracovie en 1945 et de Kielce en juillet 1946[2] leur laissent peu d'illusions : 100 000 repartent à nouveau plus à l'ouest, essentiellement en Allemagne et en Autriche, où ils rejoignent les camps de « personnes déplacées » organisés par les Américains. 250 000 Juifs s'y trouvent en 1945-1946, aidés par des volontaires du *Yishouv* qui y arrivent en décembre 1945, et par des organisations juives d'assistance au premier rang desquelles le *Joint* américain. Mais il reste aussi 400 000 Juifs en Roumanie, 200 000 en Hongrie et Tchécoslovaquie, plus de 200 000 en France, quelque 50 000 en Bulgarie et 42 000 en Italie.

Ces camps nourrissent l'exode : les émissaires sio-

1. L'avenir du sionisme est non seulement compromis comme le comprend bien Ben Gourion, mais il bascule aussi géographiquement : c'est à partir de la guerre que les chefs sionistes commencent à découvrir les Juifs des pays musulmans.

2. A l'instar des pogroms hongrois de Kunmadras et de Miskolz, en 1946.

nistes du *Yishouv* organisent les filières de passage vers une Palestine encore fermée à l'immigration juive. En trois ans pourtant, de 1945 à 1948, 83 000 personnes y parviennent[1]. Le travail réalisé alors par les organisations juives et les émissaires du *Yishouv* est considérable. Dès janvier 1945, des émissaires sionistes fondent en Pologne l'organisation *Ha Brikha* (La Fuite) pour permettre le passage des survivants vers le *Yishouv,* tandis que quelques mois plus tard la brigade juive palestinienne, venue d'Italie, établit un premier contact avec les survivants. Le chef du mouvement sioniste, David Ben Gourion, visite en octobre 1945 les camps de réfugiés en Allemagne, cherchant à enrôler les rescapés[2]. Le *Joint* réalise parallèlement un travail de secours. Dans les cas les plus évidents d'hostilité, les Juifs sont séparés de leurs « concitoyens » (à rebours de la politique britannique qui regroupe les réfugiés sur une base nationale), les rations alimentaires sont améliorées et l'action humanitaire est légalement autorisée à l'*intérieur* des camps.

Au total, sur les 250 000 Juifs présents dans les camps de réfugiés, 142 000 auront gagné Israël, 72 000 les États-Unis, 16 000 le Canada et quelques 20 000 autres d'autres pays. Mais le Royaume-Uni maintient à l'égard des réfugiés juifs la même politique discriminatoire qui prévalait durant la guerre[3].

1. Dont 70 000 immigrants illégaux venus d'Europe à bord de près de 140 navires clandestins.

2. Deux mois plus tard, en décembre 1945, commence la première mission d'assistance d'*Eretz Israël* dans les camps de réfugiés en Allemagne.

3. Entre mai 1945 et décembre 1949, le Royaume-Uni accorde à 5 600 « parents en détresse » un droit d'entrée pour leur permettre de rejoindre des membres de leur famille. Dans ce nombre, on compte environ 2 000 Juifs. Ce fut tout. Durant la même période, Londres accorde le droit d'entrée à 150 000 militaires polonais accompagnés de leurs familles, à 93 000 travailleurs bénévoles dont beaucoup viennent de l'est de l'Europe, à 15 000 prisonniers de guerre allemands, à 8 000 Ukrainiens... Parmi tous ces réfugiés, beaucoup d'anciens collaborateurs des nazis. Cf. David Cesarani, « Le crime contre l'Occident », in *La libération des camps et le retour des déportés,* Complexe, 1995.

III. — Les procès[1]

Depuis des siècles, était posée la question d'un droit naturel prééminent, ou non, à la loi des États. A la Conférence de Versailles en 1919, les peuples sans État avaient été laissés nus jusqu'à ce que le concept de génocide (du préfixe grec *genos*, espèce, peuple, et du suffixe latin *caedere*, tuer), forgé en 1944 par le juriste polono-américain Raphaël Lemkin, les prenne sous sa protection. Les crimes commis avant et pendant la Seconde Guerre mondiale mettaient au premier plan la question de l'individu comme sujet de droit des nations. Un même terreau historique, né des Lumières, voyait ainsi s'opposer l'universalité des droits de l'homme et la souveraineté de l'État-nation.

Après la fondation en Suisse, en 1863, de la Croix-Rouge internationale (devenue, en 1880, le CICR), les Conventions de Genève de 1864 et de 1906 posent les fondements d'un droit humanitaire. Les Conférences de La Haye en 1899 et 1907, qui en appellent à veiller au respect des « lois de l'humanité », viennent l'étayer.

Mais la Première Guerre mondiale démontre la fragilité de l'édifice. Au cours du conflit, et immédiatement après, l'idée se fait jour d'un crime de « lèse-humanité », au-delà des frontières et des nations. Le 24 mai 1915, à propos du massacre des Arméniens, les ministres des Affaires étrangères de l'Entente définissent ce « crime de lèse-humanité », et quatre ans plus tard, le délégué belge à Versailles parle à ce sujet de « crime contre l'humanité[2] ». Mais cette percée du droit international reste sans lendemain. Parce que l'État-nation triomphe à Versailles, une politique de prévention du crime d'État ne peut aboutir[3].

Les crimes de l'Allemagne nazie trouvent donc le droit inter-

1. Ce développement est redevable aux ouvrages de C. Ambroselli, *Le Comité d'éthique* (PUF, 1990), et d'Yves Ternon, *L'État criminel* (Seuil, 1995) auxquels je renvoie.

2. A noter qu'à l'issue de la Première Guerre mondiale une «Commission des Quinze» avait préparé la comparution en justice des «auteurs de la guerre» et de ceux ayant violé les «lois de l'humanité».

3. Même si les juristes travaillent lucidement sans être suivis, il est vrai, par les gouvernements. Ainsi Lemkin propose-t-il en 1934, à Madrid, lors de la Ve Conférence pour l'unification du droit pénal la notion de «crime de barbarie» contre la violation du droit des gens.

national dans un état de friche. C'est pourquoi « c'est sous le manteau du “crime de guerre” que voyagea jusqu'au Statut du 8 août 1945 le crime contre l'humanité[1] ». En janvier 1942, à Londres, dix-huit gouvernements dénoncent les crimes commis par l'occupant allemand en Europe tout en refusant d'évoquer une nouvelle incrimination pour sanctionner les crimes commis par les nazis contre les Juifs allemands. En octobre 1942, en accord avec le gouvernement américain, les Britanniques créent une commission d'enquête sur les *crimes de guerre*. Les Soviétiques les rejoignent immédiatement et nomment, pour la première fois, des responsables allemands. De là, l'idée d'inculper les organes de l'État criminel, de là aussi la déclaration des Alliés du 17 décembre 1942 (cf. chap. V). La déclaration de Moscou du 30 octobre 1943 enfin prévoit de ramener les criminels sur les lieux de leurs crimes où ils seraient jugés par les tribunaux locaux. Ainsi fusionnent pour la première fois un code international sur la guerre, et les codes pénaux locaux. Mais une longue élaboration est encore nécessaire pour que la notion de crime contre l'humanité soit dégagée de celle du crime de guerre.

Le mémorandum de Yalta, rédigé à la demande de Roosevelt et remis le 22 janvier 1945, marque l'aboutissement de ce cheminement : la criminalité nazie y dépasse le cadre désormais caduc des « crimes de guerre », elle relève d'un « plan criminel » prémédité, elle englobe enfin, et la mutation est proprement révolutionnaire, des délits commis à partir de 1933 contre des sujets allemands. Cette approche dépasse la notion de « crime de guerre » pour prendre en charge des nationaux sans défense. Le respect sacro-saint de la souveraineté de l'État est brisé là. C'est un système politique et non plus seulement ses exactions les plus visibles qui est jugé criminel. Jusque-là, un État pouvait tuer ses citoyens sans devoir en rendre de comptes à quiconque. La notion de « crime contre l'humanité » place désormais les droits de la personne humaine et le droit naturel au-dessus du pouvoir temporel des États.

Les représentants des « quatre Grands » (dont la France) se réunissent à Londres, durant l'été 1945,

1. Yves Ternon, *L'État criminel*, Seuil, 1995, p. 29.

pour travailler sur un document préparatoire d'origine américaine. C'est de ces discussions qu'est issu l'accord fondamental, dit de Londres, le 8 août 1945, qui met sur pied le Tribunal militaire international. Le crime de guerre faisait déjà partie du droit international. Le crime contre la paix avait été débattu mais avait été laissé aux marges de la procédure. Le concept de « crime contre l'humanité » est, lui, entièrement nouveau : « (...) l'assassinat, l'extermination, la réduction en esclavage, la déportation et tout autre acte inhumain commis contre toutes populations civiles avant ou pendant la guerre, ou bien les persécutions pour des motifs politiques, raciaux ou religieux, lorsque ces actes ou persécutions, qu'ils aient constitué ou non une violation du droit interne des pays où ils ont été perpétrés, ont été commis à la suite de tout crime rentrant dans la compétence du tribunal, ou en liaison avec ce crime.

« Les dirigeants, organisateurs, provocateurs ou complices qui ont pris part à l'élaboration ou à l'exécution d'un plan concerté ou d'un complot pour commettre l'un quelconque des crimes ci-dessus définis sont responsables de tous les actes accomplis par toutes personnes, en exécution de ce plan. »

Pour la première fois dans l'histoire du droit international, dans un domaine qui ne connaissait jusque-là que des États, le droit de Nuremberg reconnaît à l'individu la qualité de sujet de droit. Dans les douze procès ultérieurs, jugés par un tribunal militaire international, et qui regroupent des « accusés d'un même type (ministres, médecins, industriels, magistrats, etc.) »[1], le crime contre l'humanité est le seul chef d'inculpation retenu.

C'est sur cette base que le procès de Nuremberg s'ouvre le 20 novembre 1945, en présence d'un tribunal militaire interallié, destiné à juger les principaux responsables nazis. Le génocide juif, présent tout au

1. Ternon, *op. cit.*, p. 35.

long du procès, est toutefois « dilué » dans la masse des crimes nazis[1]. Au cours des dix mois d'audience, aucun des 21 accusés[2] ne plaide coupable dans cette affaire. Le verdict, rendu le 1er octobre 1946, prononce onze condamnations à mort, trois acquittements et des peines de détention variant de dix ans à la perpétuité. Le mot *génocide* ne figure pas dans le jugement du 1er octobre 1946, mais on le retrouve mentionné dans les procès suivants. Parce qu'il vise un groupe tout entier, il y est défini comme une « forme aggravée de crime contre l'humanité ».

Parmi les procès ultérieurs, le procès des médecins nazis (novembre 1946-août 1947), organisé par un tribunal militaire *américain,* est l'un des plus importants. Le jugement est rendu les 19 et 20 août 1947[3]. Les trois crimes essentiels de l'Allemagne nazie s'y rejoignent, l'« extermination biologique de la race juive », l'« euthanasie » des malades mentaux, et la « manipulation des corps » en cadavres vivants dans les camps de concentration[4]. A partir de ce jugement, une nouvelle base est donnée à l'éthique médicale, le Code de Nuremberg. C'est pourquoi, on pouvait s'attendre à ce que le droit de Nuremberg fasse souche. De fait, l'ONU crée en 1946 une commission des droits de l'homme et l'année suivante une commission du droit international. Le 9 décembre 1948, à la veille d'adopter le texte de la Déclaration universelle des droits de l'homme, l'Assemblée générale de l'ONU approuve à l'unanimité la Convention pour la prévention et la répression du crime de génocide. Mais aucun moyen concret n'est défini pour défendre ces droits. Le principe de la non-

1. Le jugement ne consacre que 2 pages au crime contre l'humanité contre 28 aux crimes de guerre. Seuls von Schirach, *Gauleiter* de Vienne, et Streicher, directeur du *Stürmer,* sont condamnés sur cette base.

2. Vingt-quatre étaient prévus : Ley s'est suicidé en prison, Bormann est en fuite et Gustav Krupp est souffrant.

3. Vingt-trois accusés dont 20 médecins, 7 condamnés à mort exécutés en 1948.

4. C. Ambroselli, *Le Comité d'éthique,* PUF, 1990, p. 21.

ingérence, et avec lui le dogme de la souveraineté de l'État, finissent par l'emporter. Les États s'arrangent pour faire du droit de Nuremberg une *parenthèse* juridique dictée par les circonstances exceptionnelles de la Seconde Guerre mondiale. Et ce même si la Convention de 1948 est ratifiée par près d'une centaine de pays, et si certains États, à l'instar de la France, introduisent la répression du crime de génocide dans leur Code pénal (1994).

La clémence l'emporte au cours des douze autres procès menés par les tribunaux militaires interalliés. Les agents subalternes du crime sont frappés davantage que le personnel de haut rang, les exécutants de première ligne sont plus sévèrement châtiés que les assassins aux mains blanches tels les responsables des chemins de fer, les constructeurs des camps et des crématoires, des camions « spéciaux », les fournisseurs du *Zyklon B*.

Pour ces douze procès, les Alliés avaient établi une liste de 5 000 criminels. Dès le mois d'août 1946, alors que s'ouvre le premier d'entre eux, le nombre des accusés est déjà tombé à 185. Entre autres facteurs de clémence, l'émergence de la guerre froide est une aubaine pour les nazis. Ces 185 accusés sont défendus par 206 avocats dont 136 avaient été membres du parti nazi. Trente-cinq inculpés sont relaxés, 25 sont condamnés à mort, les autres le sont à des peines de prison. En 1950, les Alliés occidentaux décident la réduction d'un tiers de toutes les peines de prison en cours. En janvier 1951, il reste 50 accusés encore emprisonnés, et lors de la première loi d'amnistie promulguée en 1955, il n'y a plus dans les prisons des anciennes zones d'occupation anglo-saxonnes que 20 détenus pour participation à la destruction du judaïsme européen.

Le 9 décembre 1948, la Convention des Nations Unies avait prévu la mise sur pied d'une Cour internationale chargée de juger les responsables du génocide. Elle ne voit jamais le jour.

Des milliers de responsables du génocide réussissent à se cacher et pour certains d'entre eux à quitter l'Europe. Ils sont aidés par des organisations secrètes d'anciens nazis (ODESSA, Organisation des membres de la SS), des réseaux catholiques (Mgr Hudal, évêque allemand, assure personnellement le sauvetage de Franz Stangl, ancien commandant de Sobibor et de Treblinka)[1] en Yougoslavie et en Italie entre autres, des services secrets américains qui les emploient dans la lutte anticommuniste, et plus tard par quelques pays arabes voisins de l'État d'Israël. Mais nombre d'anciens nazis ne prennent même pas le soin de se cacher. Paisibles employés ou chefs d'entreprise, ils retrouvent la prospérité dans la RFA et l'Autriche d'après guerre. Sur 13 millions d'Allemands interrogés par les commissions de dénazification, une accusation est retenue contre 3 445 000 personnes. Au milieu de l'année 1949, seuls 300 d'entre elles purgent encore une peine de prison. Là-dessus interviennent les lois de prescription (amnistie) de 1955 puis de 1965.

Les anciens dignitaires prospèrent dans tous les domaines : Globke, juriste et ancien haut fonctionnaire du Reich, qui avait été l'un des rédacteurs des lois de Nuremberg en 1935 et le père de la mesure sur le prénom obligatoire en 1938, se retrouve après guerre trésorier de la ville d'Aix-la-Chapelle et devient en 1953 secrétaire d'État aux côtés du chancelier Adenauer. Les peines infligées par la justice allemande (RFA) sont à l'image de cette dénazification tronquée. August Becker, SS, membre du parti, spécialiste du gazage dans le « programme T4 » puis des camions à gaz, devient représentant de commerce après 1945. En 1960, au vu de son état général, il est déclaré dans l'incapacité de supporter tout interrogatoire ni de subir toute peine. Walter Burmeister, SS, un des responsables des

1. Cf. Annie Lacroix-Riz, *Le Vatican, l'Europe et le Reich de la Première Guerre mondiale à la guerre froide,* Armand Colin, 1996.

camions à gaz, est condamné à treize ans de détention pour complicité dans l'assassinat de plus de 150 000 personnes. Kurt Möbius, l'un des responsables de Chelmno, est condamné à huit ans de détention pour complicité dans l'assassinat de 100 000 personnes. Franz Six, médecin SS, commande l'un des quatre *Einsatzgruppen*. Condamné à vingt ans de réclusion en 1947, il est libéré en 1952 et devient conseiller en publicité[1].

Exilés, d'autres coulent des jours tranquilles : c'est le cas de Brunner, responsable de déportations en France et en Grèce, personnalité respectée en Syrie. C'est le cas de Rauff, l'inventeur des camions à gaz, mort entouré des siens au Chili en 1984.

La justice *polonaise*, quant à elle, ignore les victimes *juives polonaises*. Ainsi le commandant Trapp, chef du 101e bataillon de police responsable de la mort de 83 000[2] Juifs en Pologne en 1942-1943, est-il extradé d'Allemagne vers la Pologne en octobre 1947. Mais il n'est jugé le 6 juillet 1948 que sur un seul chef d'inculpation : l'assassinat de 78 Polonais non juifs exécutés en 1943 lors d'actions de représailles. Entre 1962 et 1967, la justice allemande auditionne 210 anciens de ce 101e bataillon de police. C'est là l'un des rares procès concernant ces auxiliaires du meurtre de masse, la plupart des autres instructions ouvertes n'ayant jamais abouti à une inculpation. Les peines infligées n'excèdent pas huit années de détention. Du fait des libérations anticipées pour bonne conduite et/ou pour état de santé, elles n'ont jamais été effectuées.

Adolf Eichmann, premier des exécutants de la « Solution finale » en Europe, plonge dans la clandestinité dès la défaite allemande. Son nom est cité au pro-

1. Cf. *Pour eux..., op. cit.*, p. 252-262.
2. Et de la déportation de 70 000 autres vers l'un des trois « camps d'extermination » de l'opération Reinhardt.

cès de Nuremberg dès janvier 1946. En 1950, aidé par l'organisation ODESSA, il passe en Autriche, puis en Italie et avec l'aide d'un moine franciscain il s'embarque pour l'Argentine sous le nom de Ricardo Klement. C'est là qu'en mai 1960, après que sa famille l'eut rejoint depuis longtemps, il est kidnappé et expédié en Israël par des agents du *Mossad.* Pour des raisons historiques et politiques, David Ben Gourion, premier ministre d'Israël, souhaite ce procès dont il dit que c'est le « Nuremberg du peuple juif ». Après dix mois d'instruction, le procès s'ouvre à Jérusalem le 11 avril 1961. Eichmann est défendu aux frais de l'État d'Israël par deux avocats allemands qu'il a choisis. Les audiences sont retransmises à la radio, elles sont suivies par le pays tout entier. Eichmann plaide non coupable « au sens où l'entend l'accusation », dit-il[1]. Le verdict est prononcé le 15 décembre 1961 : la peine de mort[2], que la loi israélienne prévoit depuis la création de l'État pour ce type de crimes. La Cour suprême rejette l'appel le 29 mai 1962, et après le refus de la grâce, Eichmann est exécuté le 31 mai 1962.

Le procès a fait avancer la prise en compte de la spécificité du génocide. Il marque une étape importante dans la construction de la mémoire collective de la shoah tout comme, sur le plan judiciaire, il initie d'autres procès, en particulier ceux menés en RFA dans les

1. H. Arendt, qui avait suivi le procès (elle en avait tiré un ouvrage riche et controversé: *Eichmann à Jérusalem. Rapport sur la banalité du mal*) notait de son côté: «Plus on l'écoutait, plus on se rendait à l'évidence que son incapacité à s'exprimer était étroitement liée à son incapacité à *penser* – à penser notamment du point de vue d'autrui. Il était impossible de communiquer avec lui, non parce qu'il mentait, mais parce qu'il s'entourait de mécanismes de défense extrêmement efficaces contre les mots d'autrui, la présence d'autrui et, partant, contre la réalité même» (*op. cit.,* Gallimard, p. 61).

2. Non sans susciter des réserves d'importance que le philosophe israélien Gershom Sholem résumait de la sorte: à condamner à mort un homme censé personnifier la «Solution finale», ne risquait-on pas de laisser entendre que justice avait été rendue et que la page pouvait enfin être tournée?

années 60 (procès de Francfort pour le camp d'Auschwitz et procès de Düsseldorf pour celui de Treblinka, tenus l'un et l'autre en 1964).

IV. — Comprendre ?

« Nous avons désespérément besoin, pour l'avenir, de l'histoire vraie de cet enfer construit par les nazis. Non seulement parce que ces faits ont changé et empoisonné l'air même que nous respirons, non seulement parce qu'ils peuplent nos cauchemars et imprègnent nos pensées jour et nuit, mais aussi parce qu'ils sont devenus l'expérience fondamentale de notre époque et sa détresse fondamentale[1] » (H. Arendt).

Nous appliquons à des faits nouveaux des schémas anciens, nous ramenons l'inconnu au déjà vu (une « régression barbare »), et en le réduisant de la sorte, nous en dénaturons la vérité historique et la portée politique. Or, il faut embrasser d'un même mouvement le questionnement relatif à la modernité technicienne et bureaucratique, propre aux sociétés de masse, et celui relatif à cette part humaine située aux confins de la raison, où s'est décidée et réalisée la destruction d'un peuple entier. Il faut entendre d'une même voix la rationalité de l'entreprise et son absence de sens.

L'ampleur du désastre ouvre la voie à une histoire d'émotion, fragile par nature, voire erronée quand, au nom de la souffrance supportée, elle rejette le criminel dans le camp de l'inhumanité. Si le crime est exceptionnel, les assassins, eux, furent des hommes *ordinaires* et *modernes*. L'émotion focalise sur les extrêmes alors que seule la grise normalité fait la violence des jours.

C'est de surcroît une tâche difficile que d'écrire une histoire dont les témoins sont, par définition, des survi-

1. L'image de l'enfer (1946), in *Auschwitz et Jérusalem,* Presses-Pocket, p. 154.

vants. Personne ne peut raconter l'horreur du camion à gaz ou de la chambre à gaz, nul n'a réchappé à cette mort-là, *a contrario* de tant d'autres massacres de l'histoire où quelques rescapés, laissés pour morts sur les lieux du supplice, sont venus, plus tard, témoigner de ce que fut leur enfer. La mémoire sociale des survivants l'emporte sur la mémoire historique, impossible à écrire, celle des morts de cette mort-là.

La connaissance de la shoah interroge les pratiques sociales et les codes qui sont les nôtres, elle fouille les « espaces criminels[1] » que nous habitons, ces sociétés modernes où persiste la « désolation » et l' « inutilité » des gens dont parlait H. Arendt. Elle questionne les fondements, restés intacts après 1945, d'une pensée politique générant de nouvelles formes d'oppression, une citoyenneté privée de substance, et des citoyens laissés sans pouvoir sur leur vie. Cette connaissance n'est pas un savoir ordinaire, elle transforme celui qui la fait sienne[2], elle interroge en chacun sa part d'humanité.

En planifiant à l'Europe entière une politique du meurtre collectif, en mettant à son service les moyens logistiques et l'architecture administrative d'un État moderne à seule fin d'amener les victimes à l'assassin, pour les tuer dans des lieux spécialement conçus à cet effet et les y « traiter » comme on dit « traiter la vermine », la shoah marque une transgression irréversible, elle renvoie à ce que Habermas désignait comme une « atteinte à la couche fondamentale qui fait la relation entre les hommes » : la « sélection »

1. C. Ambroselli, préface à A. Hautval, *Médecine et crime contre l'humanité,* Actes Sud, 1991.

2. « Que vaudrait l'acharnement du savoir s'il ne devait assurer que l'acquisition des connaissances, et non pas, d'une certaine façon et autant que faire se peut, l'égarement de celui qui connaît ? Il y a des moments dans la vie où la question de savoir si on peut penser autrement qu'on ne pense et percevoir autrement qu'on ne voit est indispensable pour continuer à regarder et à réfléchir. » M. Foucault, préface à *L'usage des plaisirs,* Gallimard, 1984.

entre ceux qui peuvent vivre encore et ceux qui doivent mourir.

Le crime contre l'humanité n'est ni le meurtre ni le nombre de victimes. De même qu'Auschwitz n'est pas le lieu de la mort infligée mais celui de l'assassinat d'hommes qui, privés de leur statut de personne humaine, ont été détruits comme est éliminé le « bétail, la boue, l'ordure » (P. Levi). Le moyen du massacre, le gazage, n'est pas un « détail technique », il signe au contraire, ontologiquement, le crime. En plongeant la victime et le bourreau dans l'anonymat de la chambre à gaz, on nie au premier sa qualité d'être humain tandis qu'on accorde au second l'innocence du criminel.

La shoah casse les catégories traditionnelles de l'entendement politique, elle interroge les soubassements culturels de l'Occident, ceux de la révolution industrielle et ceux de la Première Guerre mondiale, cette matrice du crime de masse. Elle interroge une civilisation qui, bien avant 1933, détermina des « seuils d'humanité ». Son histoire met au jour le questionnement d'un amont (le cheminement idéologique de l'antisémitisme, la naissance de la société de masse et de l'État moderne) et d'un aval (l'accoutumance au rejet dans nos pratiques sociales, et plus largement l'identité humaine après ces crimes-*là*). Dans la réalisation du génocide du peuple juif, elle met en lumière non seulement l'archaïsme d'un délire millénariste, mais aussi la modernité du bio-pouvoir[1]. Elle donne une place essentielle à l'État qui seul a pu transformer une pathologie assassine en politique génocidaire. Ce n'est pas tant la nature plus ou moins « démocratique » de l'État qui importe que son essence, celle d'une bureau-

1. « Si le génocide est bien le rêve des pouvoirs modernes, ce n'est pas par un retour aujourd'hui du vieux droit de tuer ; c'est parce que le pouvoir se situe et s'exerce au niveau de la vie, de l'espèce, de la race et des phénomènes massifs de population » (M. Foucault, *La volonté de savoir*, Gallimard, 1976, p. 180).

cratie dont l'ordre est le souci premier, qui gère une population et la contrôle.

A tous les niveaux, de la préparation à l'exécution du crime, le « programme T4 » et la shoah interrogent le pouvoir d'État. Tant dans le cas des médecins nazis que dans celui des « policiers d'ordre », supplétifs des *Einsatzgruppen*, l'appareil d'État cristallise la forme socialement acceptable du conformisme, vecteur du meurtre de masse plus efficace que tout endoctrinement idéologique. La modernité qui conjugue sérialisation, grégarité et administration quotidienne, a facilité l'exécution du crime commis par des *hommes ordinaires* que le meurtre de masse a promu au rang d'élite de la population.

Il est aussi difficile de dire le fond de cet abîme, les hommes des *sonderkommandos* brûlant nuit et jour des milliers de corps, que de penser cette réalité. Le sens commun, qui raisonne en termes d'*utilité*, est dérouté par une entreprise totalement *anti-utilitaire*. Les exterminations ne sont pas nouvelles dans l'histoire mais, jusqu'à la shoah, elles avaient toutes, *aussi*, une logique utilitaire : les richesses, la terre, le territoire national convoités. Ici, non. A force de nous réfugier dans les clichés (la shoah serait « l'enfer sur terre » : mais en enfer, des démons tourmentent sans fin des coupables morts, à Auschwitz, des assassins à l'humanité banale font endurer le martyre à des vivants innocents), nous ne voyons pas assez les liens passés qui unissent les procédures disciplinaires de l'âge moderne et la terreur de masse de notre temps, nous percevons mal les liens de notre organisation sociale à l'obéissance massifiée des criminels et à la sérialisation des victimes.

La « question juive » est comme le paradigme de l'histoire européenne, elle dit en filigrane les limites étroites de la modernité politique. C'est pourquoi, loin de s'édulcorer et de se dissoudre, elle apparaît plus centrale encore dans notre histoire.

La dimension universelle du crime n'empêche pas d'affirmer la spécificité juive de ce désastre. Le peuple juif hérite d'une mémoire destructrice et fondatrice en même temps, d'une histoire de désolation qui n'est suivie d'aucune rédemption (la création de l'État d'Israël s'est faite *malgré* la shoah). Il doit vivre avec le souvenir d'une condamnation à mort collective prononcée contre lui par un État moderne. Le procédé même de la mise à mort a nié, à travers lui, la notion de personne humaine. Auschwitz-Birkenau ne fut pas seulement un épicentre du meurtre de masse, ce fut un processus de fabrication de cadavres. La destruction du substrat humain qui fait d'un homme un homme, cette désolation absolue, a désormais atteint dans chaque être humain sa part d'humanité.

La tendance, pourtant, est à l'oubli tant le refoulement du crime tient à sa dimension ontologique même. La shoah est une part d'*insupportable* au cœur de l'Europe, elle engendre culpabilité récurrente, résistance et volonté réitérée de « tourner la page ». Mais les crimes jugés à Nuremberg ne clôturent pas une époque, ils l'ouvrent. Par la nature même de l'événement dont il rend compte, leur enseignement doit demeurer une parole ouverte qui ébranle les discours convenus et en appelle en permanence à l'insubordination de l'esprit.

CONCLUSION

> « Ils moururent comme du bétail, comme des choses qui n'auraient ni corps ni âme, ni même un visage sur lequel la mort aurait pu apposer son sceau. C'est dans cette égalité monstrueuse, sans fraternité ni humanité – une égalité que les chats et les chiens auraient pu partager – que l'on voit, comme si elle s'y reflétait, l'image de l'enfer. »
>
> H. Arendt (1946)[1]

La géographie et l'histoire de l'Europe sont hantées par ce massacre de masse. Pas un lieu qui ne rappelle la persécution lointaine ou proche, pas une évocation géographique innocente, partout le paysage et la toponymie renvoient à l'enfermement, à la déportation, aux tueries. Le crime de masse contre l'altérité juive est comme ces secrets de famille qui hantent les contemporains. Tout ce qu'un homme peut craindre, les Juifs d'Europe l'auront subi dans l'abandon quasi général pour finir par périr de la plus ignominieuse des morts.

Cette catastrophe ne cesse d'interroger et de bouleverser l'identité juive moderne. Mais pas seulement. Car le génocide révèle la société de masse à elle-même. Il met en lumière la coexistence d'une modernité technique et bureaucratique et d'un archaïsme politique et mental. Il n'interroge pas seulement l'histoire allemande et l'antisémitisme européen qui fournit le moule pratique et le cadre mental à la persécution, il ques-

1. *L'image de l'enfer* (septembre 1946), in *Auschwitz et Jérusalem*, Presses-Pocket, 1993, p. 152.

tionne surtout le pouvoir moderne, cette gestion des hommes et de la vie fondée sur une conception biologisante de l'existence. Le nazisme génocidaire ne relève pas du seul esprit de destruction qu'on voit à l'œuvre tout au long de l'histoire humaine. Il illustre la précarité du statut de citoyen dans une société massifiée soumise à un État totalitaire.

Sur cinquante ans d'histoire, et à l'inverse de tant d'autres faits, la shoah a gagné en importance. Considérée longtemps comme un épiphénomène de la guerre, elle apparaît aujourd'hui comme un événement central. La réflexion sur cette catastrophe, comme celle menée sur le crime contre l'humanité, passe par une politique de commémoration organisée le plus souvent par les États. Mais à quoi sert de commémorer si n'est pas mise au premier plan la question des droits du citoyen et des droits de la personne humaine face à la pratique tentaculaire de l'État ? Si la mémoire institutionnalisée laisse dans l'ombre la question clé des responsabilités de l'appareil d'État, elle risque d'être amnésie ritualisée, non sur le malheur lui-même, mais sur ce qui l'a rendu possible.

La shoah a apporté au monde cette « sinistre nouvelle »[1] dont l'écho n'en finit pas de nous travailler : la victime n'appartient pas à l'espèce humaine. L'existence politique contemporaine passe par un travail de remémoration sur une civilisation torpillée par le fond. Par un travail de réflexion sur le meurtre collectif et la désolation dans laquelle la société de masse, la nôtre, a laissé chacun d'entre nous, menacé désormais dans son statut même de *personne humaine*.

1. Primo Levi.

BIBLIOGRAPHIE

L'Allemagne nazie et le génocide juif, Actes du Colloque organisé par l'EHESS en 1982, Paris, Gallimard, Le Seuil, 1985.

Ambroselli C., *L'éthique médicale*, Paris, PUF, coll. « Que sais-je ? », 1988.

Arendt H., *Auschwitz et Jérusalem*, Paris, Presses-Pocket, 1993.

— *Les origines du totalitarisme*, Paris, Points-Seuil, 1972 et 1984 (1re éd. américaine, 1951).

— *Eichmann à Jérusalem. Rapport sur la banalité du mal*, Paris, Gallimard, coll. « Folio-Histoire », 1991 (1re éd. américaine, 1966).

Bédarida F. (sous la dir. de), *La politique nazie d'extermination*, Paris, Albin Michel, 1989.

Billig J., *L'hitlérisme et le système concentrationnaire*, Paris, PUF, 1967.

Borwicz M., *L'insurrection du ghetto de Varsovie*, Paris, Julliard, coll. « Archives », 1966.

Bracher K.-D., *Hitler et la dictature allemande. Naissance, structures et conséquences du national-socialisme*, Paris, Complexe, 1995 (1re éd. allemande, 1969).

Browning Ch., *Des hommes ordinaires. Le 101e bataillon de réserve de la police allemande et la « Solution finale » en Pologne*, Paris, Les Belles Lettres, 1994 (1re édition américaine, 1992).

Dressen W., Klee E., Riess V., *Pour eux « c'était le bon temps ». La vie ordinaire des bourreaux nazis*, Paris, Plon, 1990 (1re éd. allemande, 1988).

Gilbert M., *Atlas de la shoah*, Éditions de l'Aube, 1992 (1re éd. anglaise, 1982).

Hilberg R., *La destruction des Juifs d'Europe*, Paris, Seuil, Folio-Histoire, 1991 (dernière éd. américaine, 1985).

Hilberg R., *Exécuteurs, victimes, témoins. La catastrophe juive 1933-1945*, Paris, Gallimard, coll. « NRF-Essais », 1994 (1re éd. américaine 1992).

Kogon E., *L'État SS*, Paris, Points. Histoire-Seuil, 1993 (1re éd. allemande, 1946).

Kogon E., Langbein H., Rückerl A., *Les chambres à gaz, secret d'État*, Paris, Éditions du Seuil, 1987 ((1re éd. allemande, 1983).

Langbein H., *Hommes et femmes à Auschwitz*, Paris, Fayard, 1975.

Laqueur W., *Le terrifiant secret*, Paris, Gallimard, 1981 (1re éd. anglaise, 1980).

Levi P., *Si c'est un homme*, Paris, Presses-Pocket 1988 (1re éd. italienne, 1947).

Levi P., *Les naufragés et les rescapés. Quarante ans après Auschwitz*, Paris, Gallimard, 1989 (1re éd. italienne, 1986).

Marrus M., *L'holocauste dans l'histoire*, Paris, Champs Flammarion, 1994 (1re éd. canadienne, 1987).

Marrus M., Paxton R. O., *Vichy et les Juifs*, Paris, Calmann-Lévy, 1981.

Le livre noir, Textes et témoignages réunis par Ilya Ehrenbourg et Vassili Grossman, Solin-Actes Sud, 1995.
Le Monde juif, revue du *CDJC* : *Il y a cinquante ans, l'insurrection du ghetto de Varsovie*, n° 147-148, avril 1993.
Poliakov L., *Auschwitz*, Paris, Gallimard-Julliard, coll. « Archives », 1964.
— *Bréviaire de la haine*, Paris, Presses-Pocket, 1994 (1re éd., 1951).
Ringelblum E., *Chronique du ghetto de Varsovie*, Paris, Petite Bibliothèque Payot, 1995 (version française de Léon Poliakov, 1re éd. américaine, 1958).
Segev T., *Le septième million. Les Israéliens et le génocide*, Paris, Liana Levi, 1993 (1re éd. israélienne, 1991).
Sereny G., *Au fond des ténèbres. De l'euthanasie à l'assasinat de masse : un examen de conscience*, Paris, Denoël, 1975 (1re éd. anglaise, 1974).
Ternon Y., *L'État criminel. Les génocides au XXe siècle*, Paris, Seuil, 1995.
Wieviorka A., *Déportation et génocide. Entre la mémoire et l'oubli*, Paris, Plon, 1992.
Wyman D., *L'abandon des Juifs. Les Américains et la « Solution finale »*, Paris, Flammarion 1987 (1re éd. américaine, 1984).

Un film : Lanzmann C., *Shoah*, 1985.

BIBLIOGRAPHIE THÉMATIQUE « QUE SAIS-JE ? »

Les grandes dates du XXe siècle, n° 2326
Hitler et le nazisme, n° 624
La ligne de démarcation, n° 3045
La Seconde Guerre mondiale, n° 265
Le procès de Nuremberg, n° 3221
L'État d'Israël, n° 673
Le ghetto de Varsovie (à paraître)
Auschwitz et sa mémoire (à paraître)

TABLE DES MATIÈRES

Imprimé en France
Imprimerie des Presses Universitaires de France
73, avenue Ronsard, 41100 Vendôme
Septembre 1997 — N° 44 418